Mein Guppy

von Frank Schäfer

Haftung:
Alle Angaben in diesem Buch sind nach bestem Wissen und Gewissen niedergeschrieben. Für eventuelle Fehler schließen der Autor und der Verlag jegliche Haftung aus. Mit dem Erwerb dieses Buches erkennt der Eigentümer diesen Haftungsausschluß ausdrücklich an. Alle Rechte vorbehalten, Reproduktion, Speicherung in Datenverarbeitungsanlagen, Wiedergabe auf elektronischen, fotomechanischen oder ähnlichen Wegen, Funk und Vortrag - auch auszugsweise nur mit ausdrücklicher Genehmigung des Verlages.
Besonderer Dank gilt Michael Kempkes (Deutschland) und Alain Grioche (Frankreich) für das Lesen und Kommentieren des Manuskriptes.

Literaturhinweise Guppys:
Jacobs, Kurt: Vom Guppy, dem Millionenfisch, Bd. 2. 1977. 176 Seiten, Landbuch Verlag, Hannover. ISBN 3-7842-0167-9
Hieronimus, Harro: Ihr Hobby - Guppys. BeDeVerlag, gebundene Ausgabe, 79 Seiten, 1997, ISBN: 3-931792-28-5
Houde, Anne E.: Sex, Color, and Mate Choice in Guppies. 1997. ISBN 0-691-02789-7, 210 pages.
Meffe, Gary K. & **Franklin** F. Snelson, jr. (editors): Ecology & Evolution of Livebearing Fishes (Poeciliidae). 1989. ISBN 0-13-222720-7, 454 pages
Meyer, Manfred K., Lothar **Wischnath** & Wolfgang **Foerster**: Lebendgebärende Zierfische. 1985, Mergus Verlag, Melle. ISBN 3-88244-006-6, 496 Seiten.
Kempkes, Michael: Der Guppy. Pflege und Hochzucht. 1996. 144 Seiten, 35 Farbfotos, 10 Zeichnungen, 42 Tabellen. Verlag Eugen Ulmer, Stuttgart, ISBN 3-8001-7330-1
Kempkes, Michael: Wer weiß was über Guppys? 2001. Tetra Verlag, Bissendorf. Broschiert, 64 Seiten. ISBN: 3-89745-188-3
Petzold, Hans-Günter: Der Guppy. A. Ziemsen Verlag, Wittenberg Lutherstadt. 1990. ISBN: 3-7403-0164-3

Mein Guppy / Frank Schäfer. - Rodgau: A.C.S. (Aqualog minis); NE: Schäfer, F. (2003)
ISBN 3-936027-14-5
englische Ausgabe: ISBN 3-936027-15-3
holländische Ausgabe: ISBN 3-936027-16-1
französische Ausgabe: ISBN 3-936027-17-X
schwedische Ausgabe: ISBN 3-936027-18-8
© 2003 by Verlag A.C.S. GmbH (AQUALOG), Liebigstraße 1, D-63110 Rodgau /Germany

fax: +49 (0) 6106 644 692
e-mail: info@aqualog.de
http://www. aqualog.de

Text, fachliche Bearbeitung, Redaktion, Bildbearbeitung, Layout und Titelgestaltung:
Frank Schäfer
Herausgeber:
Ulrich Glaser sen.
Druck, Satz, Verarbeitung:
Lithos: Verlag A.C.S.
Druck: Westermann Druck, Zwickau
Gedruckt auf Magnostar glänzend,
100% chlorfrei von PWA umweltfreundlich
PRINTED IN GERMANY

Alle Bilder aus dem Aqualog-Bildarchiv, außer Seite 6 (A. Schlawinski), Seite 13 (© Tropica, Dänemark), Seiten 51+52 (K. Jacobs), Seite 65 (M. Smith).
Für Bildanfragen wenden Sie sich bitte an das Bildarchiv Hippocampus:
www.hippocampus-bildarchiv.de
Fotografen: Dieter Bork, Steffen Hellner, Burkard Migge, Shuzo Nakano, Jens Pinhard, Frank Schäfer, Frank Teigler und Naoto Tomizawa.

Dieses Buch enthält:

Wie der Guppy seinen Namen bekam 4
Der wissenschaftliche Artname 5
Wann Guppys ins Aquarium kamen 6
Das Guppyaquarium 7
Wie groß muss ein Aquarium sein 10
Chemie - was passiert im Wasser 11
Pflanzen im Guppyaquarium 12
Pflanzen pflanzen 17
Das biologische Gleichgewicht im Aquarium 18
Wie ein Filter funktioniert 19
Das richtige Wasser im Guppyaquarium 20
Guppyfütterung 21
Wissen über Guppykrankheiten 22
Guppyverhalten 27
Guppys sind ja so menschlich! 29
Der kleine Unterschied 30
Kannibalen? 31
Was ist was am Fisch 32
Artemia-Erbrütung 33
Guppys in der Natur 34
Raubfische als Guppyzüchter 36
Fressfeinde als Guppyzüchter 37
Farbenlehre für Guppyzüchter 38
Die Guppyzucht in der Praxis 41
Pater Mendel zählt Erbsen 48
Fischzucht mit Mendel 49
Guppyzucht auf dem Papier 50
Schwanzflossenformen 51
Ist Guppyhochzuchtnaturwidrig? 54
Guppyhochzucht 59
Guppybilderbuch 60
Die wilden Verwandten des Guppys 65
Neuzüchtungen 67
Lesetipps 70

Die Blauen Seiten

Auf den Blauen Seiten finden Sie allgemeine, die Aquaristik betreffende Informationen. Wenn Sie schon über etwas aquaristische Erfahrung verfügen, können Sie sie überspringen.

Da wir aber nicht wissen können, was Sie schon wissen und was nicht, und wir die ewigen Verweise auf andere Literatur auch wenig hilfreich finden, haben wir diesen Weg gewählt.

Wie der Guppy seinen Namen bekam

Heute kennt ihn jedes Kind, den Guppy. Doch das war nicht immer so. Die Geschicke des Guppys und der Menschen begannen sich erst vor rund 140 Jahren zu verknüpfen. 1856 erreichte das erste konservierte Exemplar aus Venezuela die große Sammlung des Berliner Museums. Es stammte aus einem Fluss des Landes, dem Guayre, nahe der großen Küstenstadt Caracas. Der Fischkundler PETERS, der damals am Berliner Museum arbeitete, erkannte, dass das kleine Fischchen eine wissenschaftlich noch unbekannte Art darstellte und beschrieb sie 1859 als *Poecilia reticulata*. Einen deutschen Namen vergab Peters nicht.

Die Gattung *Poecilia* war 58 Jahre vorher aufgestellt worden, ebenfalls von in Berlin wirkenden Wissenschaftlern, nämlich BLOCH & SCHNEIDER. In dem Namen steckt das griechische Wort "poikilos", das "bunt" bedeutet. Man könnte "Poecilia" daher mit "bunter Fisch" übersetzen. Die Gattungsart ist *Poecilia vivipara*, ein Fisch, der heute nur selten im Aquarium gehalten wird. Das Wort "vivipara" bedeutet "lebend gebärend".

Peters nannte seine Art also - und damit soll es mit dem Latein dann auch vorerst gut sein - "*Poecilia* mit Netzmuster", denn "reticulata" bedeutet "genetzt". Peters wusste demnach wohl gar nicht, wie bunt der Guppy ist. Warum das? Ganz einfach, Peters kannte nur das Weibchen. Und so konnte er auch nicht ahnen, dass er der Entdecker einer der später wegen ihrer Farbenpracht populärsten Fischarten der Welt geworden war.

Die Tatsache, dass die Männchen zunächst unbekannt blieben, erklärt auch, warum Peters´ Kollege GÜNTHER, der im Londoner Museum wirkte, 1866 die Art nochmals als vermeintlich neu beschrieb. Ihm lagen Exemplare aus Venezuela und von Trinidad vor. Er benannte die Art zu Ehren des Sammlers, der ihm die Fische geschickt hatte, als *Girardinus guppii*. Herr Guppy war ein Pfarrer, der in Trinidad wirkte, so geht die Rede.

Die ersten lebenden Guppys erreichten Deutschland 1908 aus Venezuela und wurden auch richtig als *Poecilia reticulata* bestimmt. Doch später kamen auch Tiere von Trinidad. Man bestimmte sie als *Girardinus guppii*, auch, weil sie farblich von den bekannten Tieren abwichen. Es folgte ein großer Streit über die richtige Bennenung der Tiere, zumal auch noch Fische von Barbados kamen, von wo 1861 der italienische Gelehrte DE FILIPPI die Art *Lebistes poecilioides* beschrieb. Das waren allerdings, wie erst 2002 von Fred POESER und Isaäc ISBRÜCKER in dedektivischer Kleinarbeit herausfanden, wohl keine Guppys und noch nicht einmal von Barbados, sondern wahrscheinlich eine *Limia*-Art von Jamaica. Geblieben ist aus diesem Streit die Erkenntnis, dass alle drei Arten nur eine waren - und der Name "Guppy".

Poecilia vivipara, der Augenfleckkärpfling

Der wissenschaftliche Artname

Die Unterscheidung von Tier- und Pflanzenarten setzt voraus, dass es ein einheitliches System der Benennung gibt. Selbstverständlich haben Tiere und Pflanzen auch populäre Namen in ihren natürlichen Verbreitungsgebieten. Doch sind diese volkstümlichen Namen durch keinerlei Regeln gebunden. Demzufolge haben weit verbreitete Arten auch zahlreiche Populärnamen. Denken Sie nur an die nebenstehend abgebildete Pflanze. Sie wächst überall in Europa. Ich selbst lernte sie als Kaninchenfutter kennen. Man nannte sie Milchbusch, weil die Pflanze bei Verletzung des Gewebes einen weißen, milchartigen Saft absondert. Ich kannte sie aber auch als Pusteblume, der reifen Samenstände wegen, die man so schön wegpusten kann. Die blühende Pflanze nannte man Butterblume, ein Sammelbegriff für alle gelbblühenden Wiesenblumen des Sommers. Schließlich wird für die Pflanze noch der Name Löwenzahn verwendet, was sich auf die ausgezackten Blätter bezieht. Vier Namen für eine Art, und ich bin sicher, dass es noch sehr viel mehr gibt.

Es leuchtet ein, dass mit der wissenschaftlichen Erfassung der Tier- und Pflanzenarten der Welt ein System gefunden werden musste, das es ermöglicht, sich grenzübergreifend zu verständigen. Dieses System erfand der Schwedische Biologe Karl VON LINNÉ (er nannte sich selbst, dem Trend seiner Zeit folgend, gerne latinisiert Carolus Linnaeus). Seine Grundideen waren ebenso einfach wie genial. Zunächst, so legte er fest, müssen international geltende Namen in einer toten Sprache vergeben werden. Nur so kann es zu einer weltweiten Akzeptanz dieser Namen ohne nationale Dünkel kommen. Des weiteren müssen diese Namen aus zwei Teilen bestehen. Dieses System hatte sich ja auch bereits bei der Benennung individueller Menschen bewährt, wo jedes Individuum einen Vor- und einen Nachnamen besitzt. Linné bestimmte daher, dass nahe verwandte Arten in Gattungen zusammengefasst werden sollten. So hat jede Art einen Gattungsnamen, der vorne steht, und einen Artnamen, der dem Gattungsnamen folgt. Der Gattungsname beginnt mit einem Großbuchstaben, der Artname mit einem Kleinbuchstaben. Die Pflanze hier heißt also wissenschaftlich *Taraxacum officinale* LINNÉ, 1758. Man schreibt den Benenner der Art nach dem Artnamen, dann folgt ein Komma und das Jahr der Erstbeschreibung. Dadurch wird es möglich, die Arbeit, in der die Art beschrieben wurde, aufzufinden. Schnell wurde klar, dass eine weitere Regel benötigt wurde. Die Zuteilung einer Art zu einer bestimmten Gattung ist nämlich durchaus nicht unumstritten, neue Forschungsergebnisse können es notwendig machen, dass eine Art in eine andere Gattung überführt werden muss. Außerdem musste ein Weg gefunden werden, wie zu verfahren sei, wenn ein Wissenschaftler, sei es aus Versehen oder Absicht, eine bereits benannte Art nochmals beschreibt. Die Lösung fand sich in der Prioritätsregel, die besagt, dass immer und unumstößlich der zuerst im Schrifttum verwendete Artname Gültigkeit besitzt. Dies gilt auch, wenn sich der Gattungsname ändert. Um den zuletzt genannten Fall deutlich zu machen, wird dann der Name des Autors und die Jahreszahl in Klammern geschrieben.

Wann Guppys ins Aquarium kamen

Die ersten lebenden Guppys, es wurde schon erwähnt, erreichten bereits 1906 Europa, genauer gesagt England. Der deutsche Erstimport erfolgte im Dezember 1908 aus Venezuela (als *Poecilia reticulata*), 1909 wurden Guppys von Trinidad (als *Girardinus guppii*) und Barbados (als *Poecilia poecilioides*) importiert.

Diese ersten Tiere waren sehr teuer, wie man der nebenstehenden Anzeige entnehmen kann. 2 bis 5 Mark pro Paar, das konnten sich nur wenige Liebhaber leisten. Noch teurer waren die Neuheiten. Ein Importpaar *Girardinus guppii* kostete sogar 80 Mark! Obwohl es natürlich sehr schwer ist, solche Geldbeträge umzurechnen, gilt als Näherungswert, dass eine Goldmark etwa 10 Euro entspricht. Aber damals kauften die gerade entstehenden Aquarien- und Terrarienvereine häufig aus einer gemeinsamen Kasse Tiere ein und übergaben sie bewährten Mitgliedern zur Zucht. Da sich Guppys als leicht züchtbar erwiesen, sanken die Preise sehr schnell.

Schon bald waren die Guppys die Exoten, die sich auch Einsteiger in das Hobby Aquaristik leisten konnten und wollten. Nachdem sich die wissenschaftliche Erkenntnis durchgesetzt hatte, dass alle drei Formen einer Art angehörten, wurde auch nicht mehr auf Reinblütigkeit geachtet. Die schon von Natur aus hochvariablen Guppys wurden duch die Kreuzung der Lokalfomen noch bunter und auch die Flossenform wurde noch variabler. Schon 1910 berichtete man von Guppys mit stark vergrößerter Rücken- und Schwanzflosse, auch Untenschwerter tauchten verstärkt auf. Bereits 1918 waren die meisten heute bekannten Schwanzflossenformen - zumindest ansatzweise - bekannt. Goldguppys entstanden 1933/34. Die heute so beliebten Triangelschwänze kennt man seit den 1950er Jahren.

Die modernen Zentren der kommerziellen Guppyzucht liegen in Singapur, Hongkong, Sri Lanka, Israel und Florida.

Diese Anzeige erschien 1910 in der Zeitschrift "Wochenschrift für Aquarien- und Terrarienkunde". Der Zeichner A. Schlawinski fertigte das Guppybild 1909 an.

Aus den professionellen Großzüchtereien in diesen Ländern kommen fast alle im Zoofachhandel angebotenen Guppys. Auf Liebhaberebene beschäftigen sich vor allem die Guppyvereinigungen in den USA, England, Holland, Deutschland und Japan mit der Weiterzucht der kleinen Juwelen.

Das Guppyaquarium

Nach dem kurzen historischen Rückblick wird es nun Zeit, sich mit der Gegenwart zu befassen. Wie sollte das Aquarium aussehen, in dem man Guppys pflegt und züchtet? Ungeachtet der Größe des Behälters gilt: Guppys reagieren sehr empfindlich auf bakteriell belastetes Wassers. Das A und O der erfolgreichen Guppypflege setzt also ein biologisch gut eingefahrenes und sorgfältig gepflegtes Aquarium voraus. Zur Aquariengröße (bitte lesen Sie hierzu auch die allgemeine Seite "Wie groß muss ein Aquarium sein") ist zu sagen, dass für eine kleines Gespann von 3-4 Männchen und 2-3 Weibchen bereits ein Aquarium von 40 x 20 x 20 cm (Aquarienmaße werden immer in Länge x Höhe x Tiefe angegeben) ausreicht. Dann sollten sich aber keine weiteren Fische im Becken befinden.

Besser ist ein Aquarium von z.B. 60 x 30 x 30 cm, wie man es heute vielerorts sehr preiswert als Set, komplett mit Filter, Beleuchtung und Heizung, kaufen kann. In einem solchen Aquarium können etwa 15 erwachsene Guppys leben.

Dieses sehr schöne Guppyaquarium ist mit Haarnixe, *Cabomba*, und Indischem Wasserwedel bepflanzt. Ein derartiges Aquarium über Jahre hinweg zu erhalten ist sehr schwierig und setzt viel Pflege voraus.

Guppys sind Fische der Tropen. Die Wassertemperatur im Guppyaquarium sollte daher nicht für längere Zeiträume unter 18°C sinken. Die günstigste Temperatur liegt bei 24-26°C, die Obergrenze bei etwa 30°C. Weder die untere noch die obere Temperturgrenze darf plötzlich erreicht werden. Die modernen Heizgeräte für Aquarien sind fast immer sogenannte Regelheizer, die die Wassertemperatur im Bereich von 1°C stabil halten. Sehr viele Guppypfleger haben gute Erfahrungen damit gemacht, diese Heizer nachts zusammen mit der Beleuchtung auszuschalten, wenn das Aquarium in einem normal geheizten Wohnraum steht. Dadurch sinkt die Wassertemperatur über Nacht um wenige Grad Celsius ab und steigt tagsüber wieder auf den am Regelheizer eingestellten Wert von z.B. 25°C an. Diese vergleichsweise geringfügigen Temperaturschwankungen im Tag-Nacht-Rhythmus wirken sich sehr positiv auf die Widerstandsfähigkeit der Guppys aus, sie werden vitaler und weniger anfällig gegen Krankheiten.

Guppyaquarien sollten gut beleuchtet sein, denn Guppys sind Augentiere. Gleichzeitig ist eine gute Beleuchtung die Voraussetzung für guten Wuchs der Wasserpflanzen. Da Guppys sehr lebhafte Fische sind, haben sie einen schnellen Stoffwechsel. Ein kräftiger Pflanzenwuchs ist durchaus in der Lage, viele dadurch im Wasser anfallende Giftstoffe im Bereich der harmlosen Konzentration zu halten. Mehr dazu im Kapitel "Pflanzen im Guppyaquarium". Die Beleuchtung eines Aquariums erfolgt heutzutage fast ausschließlich mit Neonröhren. Die Anzahl benötigter Röhren richtet sich dabei in erster Linie nach der Wassertiefe. Die Neonröhren sollten immer so lang sein wie das Aquarium, damit keine dunklen Ecken entstehen. Für Wassertiefen von 20-30 cm genügt eine Neonröhre pro 30 cm Beckentiefe. Zwei Beispiele: Aquarium 100 x 30 x 30 cm: eine Röhre. Aquarium 100 x 30 x 40 cm: 2 Röhren. Bei 40-50 cm Wassertiefe braucht man schon 2 Röhren pro 30 cm Beckentiefe, um gutes Pflanzenwachstum sicherzustellen. Für Becken von 60 cm Höhe und mehr sollten besser HQI-Strahler eingesetzt werden.

Kann man, aus welchen Gründen auch immer, nur einen motorbetriebenen Innerfilter verwenden, so braucht man unbedingt einen reichen Pflanzenwuchs. Besser sind Außenfilter, bei denen man idealerweise noch einen UV-Brenner nachschaltet. Als Faustregel für die Größe des Außenfilters gilt, dass die nominelle Förderleistung pro Stunde etwa doppelt so hoch sein sollte, wie der Bruttowasserinhalt des Aquariums, bei einem 60-Liter fassenden Aquarium also 120 Liter pro Stunde.

Detailausschnitt aus dem auf der vorigen Seite gezeigten Aquarium. Werden Guppys nicht gestört, halten sie sich vorwiegend im freien Wasser auf und nicht zwischen den Pflanzen.

Das Guppyaquarium

Wichtig: Filter dürfen niemals zusammen mit dem Licht und ggf. der Heizung nachts ausgeschaltet werden. Gerade nachts werden die Filter benötigt, um einen Anstieg des Kohlendioxids in giftige Bereiche durch die Nachtatmung der Pflanzen zu unterbinden! Außerdem würden durch das Abschalten des Filters die nützlichen Filterbakterien absterben und eine möglicherweise tödliche Nitritvergiftung der Fische wäre die Folge.

Bei den Dekorationsgegenständen im Aquarium ist der Phantasie des Aquarianers kaum Grenzen gesetzt. Steine sollten niemals scharfkantig sein, damit sich die Fische daran nicht verletzen können. Steine dürfen auch niemals, aber das gilt für die Aquaristik allgemein, metallische Einschlüsse besitzen. Jegliches in der Aquaristik gebräuchliche Wurzelholz kann auch im Guppyaquarium Verwendung finden. Wurzeln sollten aber vor dem Einbringen ins Aquarium gründlich, also mindestens zwei Wochen, gewässert werden. Dabei muss das Wasser in dem Gefäß so häufig wie möglich gewechselt werden. Dadurch werden die harmlosen, aber den Lichteinfall ins Aquarium stark behindernden Gilbstoffe der Wurzeln ausgewaschen. Nach dem Wässern schrubbt man die Wurzel mit einer groben Bürste nochmal gründlich unter fließendem Wasser ab, dann können sie in das Aqaurium eingebracht werden.

Der Bodengrund spielt im Guppyaquarium ebenfalls eine wichtige Rolle. Die oberste Deckschicht sollte, wenn irgend möglich, aus feinem Sand bestehen. Guppys fressen bevorzugt kleine Futterbrocken. Ist der Bodengrund zu grob, so sinken viele Futterteilchen zwischen den Kies, ohne dass sie von den Guppys erreicht werden können. Die Folge ist eine unnötige Belastung des Aquarienwassers mit Fäulnisbakterien und deren Stoffwechselprodukten. Dadurch können zum einen die Guppys krank werden, zum anderen fördert das ein unerwünschtes, starkes Algenwachstum. Besonders die gefürchteten und schwer bekämpfbaren Blaualgen (Cyanobakterien), die sich als dunkelblaugrüner, schleimiger Film über Pflanzen und Inneneinrichtung legen und alles Leben unter sich ersticken, breiten sich dann sehr schnell aus.

Wenn Sie Ihr Guppyaquarium einrichten, achten Sie bitte darauf, nicht zuviel Dekorationsgegenstände einzubringen. Das engt einerseits den Schwimmraum der Tiere unnötig ein, andererseits reduziert sich dadurch das Nettowasservolumen nicht unerheblich.

Dieses Aquarium ist gut für die Pflege von Guppys geeignet. Allerdings wäre eine Deckschicht von feinem Sand auf dem Boden vorteilhaft.

Wie groß muss ein Aquarium sein

Es gibt in Aquarianerkreisen den Spruch "ein Aquarium kann gar nicht groß genug sein." Warum das? Der Hauptgrund liegt darin, dass der Wasserkörper des Aquariums in chemischer Hinsicht um so stabiler ist, je größer sein Volumen ist. Mit anderen Worten: ein großes Aquarium macht wesentlich weniger Arbeit als ein kleines.

Einsteiger und Nicht-Aquarianer glauben oft, die Fische fühlten sich in einem kleinen Aquarium eingesperrt. Das ist nicht richtig. Auch ein riesiges Aquarium ist zwar, verglichen mit der Natur, nur eine winzige Pfütze. Fische haben jedoch ebensowenig wie irgendein anderes Tier ein Gefühl für den Begriff "Freiheit", der für sie ohne jegliche biologische Relevanz ist. Nur beim Menschen gibt es ein angeborenes Streben nach Freiheit, wobei dieser Begriff keineswegs einheitlich definiert ist. Fragen Sie einfach mal 10 Menschen aus Ihrem Bekanntenkreis, was für sie Freiheit ist. Sie bekommen mit hoher Wahrscheinlichkeit 10 verschiedene Antworten. Im Wesentlichen ist das angeborene Freiheitsstreben des Menschen sein Erfolgsrezept in der Evolution. Das Streben nach Freiheit ist nämlich nichts anderes als ein angeborenes Gefühl der Unzufriedenheit mit der Situation, in der der jeweilige Mensch lebt. Je nachdem, wie hoch der Grad der Unzufriedenheit gerade ist, sucht der Mensch nach einer Möglichkeit, die Situation zu verändern. Durch seine Erfindungsgabe kann der Mensch aktiv seine Umwelt seinen Bedürfnissen anpassen und dadurch buchstäblich überall überleben. Kurz gesagt: Das menschliche Freiheitsstreben ist sein artspezifisches Überlebenskonzept in der Natur.

Tiere hingegen, und damit sind alle Fische eingeschlossen, sind nicht in der Lage, ihre Umwelt ihren Bedürfnissen anzupassen. Sie sind umgekehrt auf Gedeih und Verderb von ihrer Anpassungsfähigkeit an die jeweiligen Umweltbedingungen abhängig. Ein Schleimfisch, der beschließen würde, sein Höhlenleben zugunsten der Lebensweise eines Herings aufzugeben, würde das nur wenige Stunden überleben. Tiere kennen also keine Freiheit. Die Frage nach der notwendigen Größe eines Aquariums richtet sich daher nicht nach dem Platz, der einem Fisch in der Natur zur Verfügung steht. Der Aquarianer muss sich vielmehr fragen: Würde die Fischart, die ich pflegen möchte, mein Aquarium als Lebensraum besiedeln, wenn es so in der Natur vorkäme?

Die wesentlichen Unterschiede zwischen einem Aquarium und der Natur sind: Es gibt keine Feinde; es gibt unbegrenzt viel Futter; es gibt keine Krankheiten; es gibt keine Konkurrenten; es gibt keine Naturkatastrophen (Dürre, Hochwasser etc.) - für all´ diese Dinge sorgt der Pfleger.

Demnach richtet sich die notwendige Beckengröße nach der zu erwartenden Endgröße und dem Verhalten der Pfleglinge. Für ruhige Raubfische, die den ganzen Tag fast bewegungslos auf Beute lauern, sollte die Beckenlänge etwa das 3fache, die Beckentiefe etwa das 2fache der Körperlänge des Pfleglings betragen. Für lebhafte Schwarmfische gilt die Faustregel Beckenlänge mindestens 10fach der Körperlänge, Beckentiefe 5fach. Schließlich muss man noch die Anzahl der Fische einkalkulieren. Und hier gilt nach wie vor die alte Aquarianerregel: pro cm Fischlänge mindestens 2 Liter Wasser.

Bedenken Sie bitte auch immer den Pflegeaufwand, wenn Sie sich für ein Aquarium entscheiden. In jedem Aquarium muss in wöchentlichem oder zweiwöchentlichem Abstand ein Teilwasserwechsel von 10-25% des Inhalts durchgeführt werden. Dadurch werden Giftstoffe, die sich als Abfallprodukte des Stoffwechsels ansammeln, entfernt und Spurenelemente, die sich verbrauchen, wieder zugeführt. Bei einem 1000-Liter Aquarium sind das immerhin 200-500 Liter Wasser, die da bewegt sein wollen (100-250 Liter raus und die selbe Menge wieder rein). Wenn Sie erst Einsteiger in das Hobby sind, so fangen Sie am besten mit einem 150-300 Liter fassenden Aquarium an. Diese Becken haben einen chemisch recht stabilen Wasserkörper und eine gute Größe für fast alle handelsüblichen Aquarienfische.

Chemie - was passiert im Wasser?

Auch wenn Sie bisher gut nach dem Motto lebten - Chemie ist, wenn es stinkt und zischt, alles andere kratzt mich wenig: Um ein paar Grundbegriffe der Wasserchemie kommt der Aquarianer nicht drumherum.

Da wäre zunächst die Wasserhärte. Davon haben die meisten schon gehört, denn die Wasserhärte ist für das Zukalken von Töpfen, Warmwasserleitungen etc. verantwortlich. Der Begriff der Wasserhärte kommt ursprünglich aus der Waschmittelindustrie. Man bezifferte damit den Verbrauch an Seifenpulver, der nötig war, um einen waschaktiven Schaum zu erzeugen. Erst später fand man, dass es die im Wasser gelösten Kalzium- und Magnesium-Verbindungen waren, die für hohen oder niedrigen Seifenverbrauch verantwortlich sind. Die Bezeichnung "hart" und "weich" kommen von dem Gefühl, das der im jeweiligen Wasser erzeugte Seifenschaum auf der Haut hervorruft.

Aquaristisch wichtig ist vor allem die sogenannte "Karbonathärte" (KH, ausgedrückt in °). Es handelt sich hierbei um Verbindungen, die Kalziumkarbonat und Magnesiumkarbonat mit Kohlensäure eingehen und daraus Kalzium- bzw. Magnesiumbikarbonat bilden. Diese beiden Stoffe spielen, weil sie chemisch relativ instabil sind, eine wichtige Rolle im Aquarium. Sie reagieren wechselseitig sehr stark mit Kohlensäure und sind auch per se für die sogenannten "Weichwasserfische", die in der Natur praktisch nicht mit ihnen in Berührung kommen, problematisch. Daneben gibt es noch andere Verbindungen des Kalziums und des Magnesiums im Wasser, die jedoch chemisch ziemlich stabil und auch praktisch ohne allzu große Bedeutung sind. Diese bezeichnet man als "Nicht-Karbonathärte". Zusammen ergeben beide die "Gesamthärte" (dGH oder GH, ausgedrückt in °). Man spricht bei 0-4°GH von sehr weichem, 4-8°GH von weichem, 8-12°GH von mittelhartem, 12-18°GH von hartem, 18-30°GH von sehr hartem und über 30°GH von außerordentlich hartem Wasser.

Eng verknüpft mit dem Begriff der Härte ist der des pH-Wertes, obwohl sie chemisch ganz unterschiedliche Dinge bezeichnen.

Der pH-Wert bezeichnet den Säuregrad des Wassers. Wichtig ist dabei zu wissen, dass der pH-Wert dekadisch logarithmisch gestuft ist. Ein Wasser mit pH 5 ist also 10 mal so sauer wie eines mit pH 6 und 100 mal so sauer wie eines mit pH 7. Da die Karbonathärtebildner sehr stark wechselseitig mit Säuren, im Aquarium vor allem der Kohlensäure, reagieren, sind die Begriffe pH-Wert und Härte aquaristisch so eng verknüpft. Wasser mit einem pH-Wert von 7 bezeichnet man als neutral, Wasser mit einem pH-Wert über 7 als alkalisch und solches mit einem pH-Wert unter 7 als sauer. Die Extremwerte, die spezialisierte Fischarten ertragen können, liegen bei etwa pH 3,5 im sauren Bereich und pH 9,5 im alkalischen.

Im Tag-Nacht-Rhythmus kann der pH-Wert stark schwanken, und das ist oft die Ursache für kranke oder tote Fische. Die Ursache der pH-Schwankung liegt darin, dass nachts die Pflanzen keine Kohlensäure verbrauchen, weil sie keine Photosynthese treiben, sondern durch ihre Atmung sogar noch zusätzliche Kohlensäure produzieren. In mittelhartem und harten Wasser passiert dabei nicht viel, weil die Karbonathärte die freie Kohlensäure "einfängt" (man spricht von einer "Pufferwirkung"). Doch in weichem Wasser genügt die Pufferwirkung der Karbonathärte nicht, und so kann es zu den für die Fische lebensgefährlichen pH-Wertsprüngen kommen.

Es gibt drei Methoden, diese Gefahr zu umgehen. Zum einen kann man das Aquarium nachts mit einem Sprudelstein betreiben. Kohlensäure ist sehr flüchtig und kann so leicht aus dem Wasser ausgetrieben werden. Oder man fügt dem Wasser über Torffilterung oder in Form von Flüssigpräparaten Huminsäuren zu, die ebenfalls eine Pufferwirkung haben. Leider funktioniert letzteres nur bei Fischen, die saures Wasser vertragen. Hat man Fische, die das nicht mögen, muss man das Wasser künstlich aufhärten - Methode drei.

Härte und pH-Wert sollten regelmäßig überprüft werden!

Pflanzen im Guppyaquarium

Die Pflanzen erfüllen im Guppyaquarium vielfältige Aufgaben. Sie entfernen Schadstoffe, die ihnen während des Wachstums als Nährstoffe dienen. Sie dienen als Versteckmöglichkeiten für bedrängte Erwachsene und für die neugeborenen Jungfische. Sie produzieren Sauerstoff und reduzieren tagsüber die Kohlensäure. Und schließlich: Ein bepflanztes Aquarium ist viel schöner als ein kahles.

Man sollte unproblematische, schnellwachsende Pflanzen für ein Guppyaquarium wählen. Diese erfüllen die an sie gestellten Anforderungen am besten. Für ein bepflanztes Aquarium ist die Wahl des richtigen Bodengrundes entscheidend. Er muss mindestens 7cm, besser 10 cm hoch sein. Zuunterst gibt man eine Lage Depotbodengrund, der etwa 1-2 cm hoch sein sollte. Depotbodengrund muss mineralischen Langzeitdünger in Form von Lehm oder ähnlichem enthalten. Blumendünger oder Blumenerde für Topfpflanzen sind vollkommen ungeeignet, weil diese hohe Anteile an organischem Dünger enthalten. Diese Anteile faulen im Aquarium und verderben das Wasser. Über den Depotbodengrund kommt eine 5-7 cm hohe Schicht feiner Aquarienkies. Den brauchen Sie nur grob zu waschen, für die Aufgabe, die er erfüllen soll, ist er dann ausreichend sauber. Schließlich kommt die Deckschicht, die im Guppyaquarium aus einer 2 cm hohen Schicht feinem Sand bestehen sollte, der peinlichst sauber gewaschen sein muss.

Nun füllen Sie ganz vorsichtig so viel Wasser ein, dass die Sandschicht gerade feucht ist. Jetzt können Sie das Aquarium bepflanzen, ohne dass aus den tieferliegenden Bodengrundschichten unnötig viel Dreck aufgeschwemmt wird. Nach der Bepflanzung füllen Sie - vorsichtig! - das Aquarium mit leicht vorgewärmtem Wasser auf (18-22°C). Anschließend nehmen Sie den Filter und die Heizung in Betrieb. Jetzt bleibt das Aquarium 2 Wochen ohne Besatz stehen. Das ist notwendig, damit sich die wichtigen Mikrolebewesen im Aquarium entwickeln können, die aus einem sterilen wassergefüllten Behälter einen Biotop machen. In dieser Zeit wachsen die Pflanzen an und Sie werden schon bald auslichten müssen.

Schön bepflanzte Aquarien sind dekorativ und ein gesunder Lebensraum für Guppys.

Pflanzen im Guppyaquarium

Sumpfschrauben, *Vallisneria* spp.

Sumpfschrauben, auch Vallisnerien genannt, sind allesamt hervorragend für Guppyaquarien geeignet. Es handelt sich um sehr raschwüchsige Rosettenpflanzen, die sich reichlich durch Ausläufer vermehren. Es gibt mehrere Arten, doch die meisten unterscheiden sich kaum voneinander. Vallisnerien wie die oben abgebildeten sollten in den Hintergrund des Aquariums gesetzt werden, wo sie bald einen dichten Dschungel mit 40-60 cm langen Blättern bilden. Zwei Vallisnerienarten muss man aber kennen. Die eine ist die Schraubenvallisnerie (*Vallisneria americana* var. *biwaensis*); sie wird meist nur ca. 20 cm hoch und eignet sich dadurch prima für kleine Aquarien. Die andere ist die Riesenvallisnerie (*Vallisneria americana* var. *americana*), deren bis zu 3 cm breite Bläter bis zu 150 cm lang werden können, weshalb man diese Pflanze nur in großen Aquarien einsetzen sollte.

Vallisnerien mögen mittelhartes Wasser am liebsten, wachsen jedoch unter fast allen Bedingungen noch zufriedenstellend. Es gibt männliche und weibliche Pflanzen. Die Blüten sind sehr unscheinbar.

Riesenvallisnerie   Schraubenvallisnerie

Pflanzen im Guppyaquarium

Indischer Wasserstern

Indischer Wasserstern, rosanervige Kulturform

Indischer Wasserwedel

Indischer Wasserstern und Indischer Wasserwedel (*Hygrophila polysperma* und *H. difformis*)

Wasserstern und Wasserwedel sind Stängelpflanzen und können im Guppyaquarium vielfältig verwendet werden. Stutzt man sie regelmäßig zurück, erhält man dekorative Büsche, lässt man sie wuchern, so legen sich die Stängel an der Wasseroberfläche quer und schicken ihre dekorativen Luftwurzeln ins Wasser. In dieser Wuchsform sind sie hervorragende Verstecke für neugeborene Jungguppys. Von beiden Arten gibt es auch bunte Kulturformen, von denen die rosanervige Form des Wassersterns oben rechts gezeigt wird.

Pflanzen im Guppyaquarium

Amazonas-Schwertpflanze (*Echinodorus bleheri*)

Viele Arten der Gattung *Echinodorus* werden im Aquarium kultiviert, alle sind schön und begehrenswert. Doch die oben gezeigte ist aufgrund ihrer Schnellwüchsigkeit und Anspruchslosigkeit besonders gut für das Guppyaquarium geeignet. Je nach Licht- und Wasserverhältnissen wird sie zwischen 20 und 50 cm hoch. Sie gehört zu den Rosettenpflanzen und bildet bald einen kräftigen Busch aus, der sehr dekorativ wirkt. Sie zeigt eine gute Anpassung an die unterschiedlichsten Wasserverhältnisse, weswegen sie hier auch empfohlen wird. Sie ist gleichzeitig auch ein guter Anzeiger (Bioindikator) für Eisenmangel im Aquarium. Bleiben die neugeschobenen Blätter gelb und glasartig-brüchig, liegt fast immer ein Eisen/ Mangan Mangel vor. Beide Spurenelemente sind durch Wechselwirkungen miteinander verbunden. Spezielle Dünger kann man kaufen. Die Vermehrung erfolgt durch Jungpflanzen, die sich am Blütenstängel bilden, wenn dieser unter Wasser bleiben muss. Man nimmt sie ab und pflanzt sie ein, wenn sich 5-7 Blätter gebildet haben.

Pflanzen im Guppyaquarium

Sumatrafarn

Hornkraut

Sumatrafarn *(Ceratopteris thalictroides)*

Sumatrafarn ist eine Rosettenpflanze, die man eingepflanzt oder als Schwimmpflanze verwenden kann. In letzterer Form ist sie ein hervorragender Schutz für Jungfische. Jungpflanzen bilden sich reichlich in den Blattachseln. Die Pflanze passt sich prächtig allen Wasserverhältnissen an und wächst sehr rasch.

Hornkraut *(Ceratophyllum demersum)*

Das Hornkraut ist eine Stängelpflanze, die niemals Wurzeln ausbildet. Man kann sie also freischwimmend kultivieren. Sie verträgt es aber auch, in den Boden gesteckt zu werden. Hornkraut ist sehr nützlich in Zuchtaquarien und bietet Jungfischen hervorragenden Schutz.

Es sind natürlich noch viel mehr Pflanzenarten für das Guppyaquarium geeignet. Die hier vorgestellten gedeihen jedoch auch bei dem Aquarianer, der keinen grünen Daumen besitzt und sind daher uneingeschränkt empfehlenswert.

Pflanzen pflanzen

Im Aquarium kultivieren wir grundsätzlich drei Pflanzentypen: Schwimmpflanzen, Stängelpflanzen (für diese Sprachvergewaltigung hasse ich die Rechtschreibreform!) und Rosettenpflanzen.

Am einfachsten „pflanzt" man die Schwimmpflanzen: Man legt sie auf die Wasseroberfläche und muss lediglich darauf achten, dass die Wurzeln nach unten zeigen, und selbst das entfällt bei den Wurzellosen unter den Schwimmpflanzen. Alle Schwimmpflanzen „verabscheuen" Filterströmung. In stark gefilterten Aquarien ist ihre Kultur daher oft aussichtslos.

Die Stängelpflanzen entwickeln nur ein mäßig kräftiges Wurzelwerk. Sie werden durch Stecklinge vermehrt, die man von ausreichend langen Stängeln abschneidet. In der Regel sollten Stecklinge etwa 10 cm lang sein. Beim Einpflanzen der Stängelpflanzen ist auf folgende Punkte zu achten: Niemals sollte ein Einpflanzen im Busch erfolgen, sondern jeder Stängel einzeln. Die unteren Blätter müssen entfernt werden. Werden sie mit in den Boden gesteckt, faulen sie und können so eine Fäulnis des ganzen Stängels auslösen. Wenn Sie die Pflanzen im Zoofachgeschäft kaufen, sind sie meist mit Blei gebündelt oder in kleine Töpfe gepflanzt. In jedem Fall müssen Sie diese Verkaufshilfen entfernen. Anschließend entfernen Sie alle Wurzeln, die eventuell schon vorhanden sind. Sollte der untere Stängelteil glasig aussehen, so deutet das auf eine Quetschung hin. Schneiden Sie derartige Stücke großzügig mit einem scharfen Messer ab, bevor Sie die Pflanzen einsetzen.

Die dritte Gruppe Wasserpflanzen schließlich umfasst die Rosettenpflanzen. Diese Pflanzen bilden ein kräftiges Wurzelwerk aus. Ihre Vermehrung erfolgt durch Ausläufer oder Ableger. Auch bei diesen Pflanzen müssen Sie zunächst die Verkaufshilfen (Bleibänder, Töpfe etc.) entfernen. Anschließend kürzen Sie die Wurzeln mit einem sehr scharfen Messer auf etwa 3 cm Länge ein. Beim Einpflanzen ist unbedingt darauf zu achten, dass die Wurzeln im Pflanzloch nach unten zeigen. Werden sie während des Einpflanzens nach oben gebogen, wachsen die Pflanzen nur schlecht an. Besitzen die Rosettenpflanzen Knollen oder verdickte Wurzelstöcke (Rhizome), so ist darauf zu achten, dass der Vegetationspunkt (das ist die Stelle, an der die Blätter austreiben) nicht unter den Bodengrund geraten, sondern ein paar Millimeter aus dem Boden ragen.

Einige Rosettenpflanzen aus der Gattung *Anubias* sowie die Farne der Gattungen *Microsorium* und *Bolbitis* wachsen nicht gut, wenn man sie einpflanzt. Diese Pflanzen bindet man mit dunklem Zwirn auf Wurzeln oder poröse Steine auf, an denen sie mit der Zeit festwachsen. Häufig kann man diese Pflanzen auch schon fertig auf Steinen oder Wurzeln kultiviert kaufen.

Viele Rosettenpflanzen sind von Natur aus Sumpfpflanzen, die in ihrer natürlichen Umgebung nur zeitweise untergetaucht existieren. Hierher gehören z.B. viele Arten der Gattung *Cryptocoryne, Echinodorus* etc.. Bei der Erstbepflanzung eines Aquariums sollte der Anteil dieser Pflanzen in der Regel nur etwa ein Drittel der Arten ausmachen, die man zur Bepflanzung verwendet. Dies ergibt sich aus der Tatsache, dass diese Pflanzen verhältnismässig langsam wachsen. In der Anfangsphase eines Aquariums sind die biologischen Bedingungen so, dass viele unerwünschte Algenarten ein optimales Wuchsklima vorfinden. Da Wasserpflanzen und Algen in der Ausbreitung miteinander konkurrieren, sind logischerweise schnell wachsende Pflanzen erfolgreicher als langsame. Somit ist auch klar, warum in einem neu eingerichteten Aquarium der Anteil der schnellwachsenden Pflanzen höher sein soll als der der langsam wachsenden. Ihr Zoofachhändler berät Sie sicher gerne bei der Auswahl der Gewächse, die für Ihr Aquarium in Frage kommen. Grundsätzlich sollten Sie Ihren Fachhändler besser nicht ausgerechnet zur Hauptgeschäftszeit aufsuchen, wenn Sie eine ausführliche Beratung wünschen - so auch, wenn ein Bepflanzungsplan erstellt werden soll.

Das biologische Gleichgewicht im Aquarium

Ein wirkliches biologisches Gleichgewicht wird es - das sei gleich vorweggenommen - in einem normalen Aquarium nicht geben. Dazu ist die von außen eingetragene Nährstoffmenge in Form von Fischfutter einfach zu groß. Man kann und soll jedoch ein stabiles Aquarienklima anstreben, das dann lediglich in Form des Teilwasserwechsels und der Filterreinigung unterstützt werden muss.

Die Grundvoraussetzung für ein solches stabiles Aquarienklima ist die Verwendung von Wasser der immer gleichen Ausgangsqualität. Das bedeutet, das das zum Wasserwechsel eingesetzte Wasser bezüglich Härte und pH-Wert identisch sein muss mit dem bereits im Aquarium befindlichen Wasser. Überlegen Sie es sich also gut, wenn Sie sich gegen Ihr Leitungswasser und für ein selbstgemischtes Wasser entscheiden. Denn Sie müssen dieses Mischwasser Woche für Woche herstellen!

Aquaristik ist im wesentlichen Bakterienkultur. Ohne diese unsichtbaren Helfer ist es unmöglich, ein Aquarium zu betreiben. Da wären zum einen die nitritbildenden Bakterien. Fische scheiden das bei der Eiweißverdauung entstehende hochgiftige Ammoniak direkt über die Kiemen aus. Die erste Gruppe notwendiger Helferbakterien baut dieses Ammoniak in immer noch stark giftiges Nitrit um. Nitrit wirkt in der Regel bei Konzentrationen von 1 mg pro Liter Wasser tödlich für Fische. Für den Umbau von Ammoniak zu Nitrit brauchen die Bakterien Sauerstoff. Man spricht daher von aeroben Bakterien. Die zweite Gruppe Bakterien, die Fischleben im Aquarium ermöglicht, ist ebenfalls aerob. Diese wandelt das immer noch stark giftige Nitrit in vergleichsweise ungiftiges Nitrat um. Für den Betrieb des Aquariums ist ein Nitratwert von etwa 30 mg pro Liter anzustreben, wesentlich darüber sollte der Wert nicht liegen, weniger schadet hingegen nicht.

Es sind zwar immer die selben Bakteriengattungen, die diesen wichtigen Stickstoffumbau vollziehen, jedoch hat jedes Aquarium in Abhängigkeit von den Basiswasserwerten, also Härte und pH-Wert, ein individuelles Mikroklima. Diese Bakterien reagieren wesentlich empfindlicher auf Schwankungen der Wasserwerte als Fische. Daher ist es so ungeheuer wichtig, immer das gleiche Wasser zum Wasserwechsel zu verwenden.

Neben den aeroben Stickstoffbakterien gibt es weitere unzählige Mikroorganismen, also Bakterien, Pilze etc., die sich im Aquarium ansiedeln. Je höher der Nährstoffeintrag in das Aquarium ist, desto höher wird die Keimzahl im Wasser sein. Weitere Faktoren, die die Keimzahl im Wasser erhöhen, sind die Besatzdichte durch Fische und wieviel organisch verwertbare Bestandteile im System Aquarium vorhanden sind, also der sogenannte Mulm. Mulm besteht aus dem Kot der Fische, abgestorbenen Pflanzenteilen, Futterresten etc.. Es spielt dabei keine Rolle, ob der Mulm in sichtbarer Form auf dem Aquarienboden herumliegtoder sich unsichtbar im Filter befindet! Die Keime, die den Mulm verwerten, sind an und für sich harmlos. Steigt die Keimzahl jedoch zu hoch an, werden auch diese harmlosen Keime zu einer Gefahr für die Fische. Das Immunsystem vieler Fische, die wir im Aquarium halten, ist von Natur aus nur schwach ausgeprägt. Die Keimzahl in zahlreichen tropischen Gewässern ist extrem niedrig, da diese Gewässer sehr nährstoffarm sind. Und so erklärt es sich, dass die Keimzahl im Wasser durch Mulmabsaugen während des Wasserwechsels, Filterpflege und kluge Beschränkung beim Fischbesatz möglichst niedrig gehalten werden sollte.

Ist es, aus welchen Gründen auch immer, nötig, das Aquarium stark mit Fischen zu besetzen, ist ein UV-Brenner, der dem Filter nachgeschaltet wird, eine Möglichkeit, die Keimzahl im Wasser effektiv zu senken. Man sollte jedoch - und das ist die Kunst der Aquaristik - immer versuchen, durch Berücksichtigung und Kenntnis der biologischen Vorgänge im Aquarium eine Art von biologischem Gleichgewicht zu erzielen und Technik nur dort einzusetzen, wo sie unumgänglich ist.

Wie ein Filter funktioniert

Es gibt viele verschiedene Filtertypen, die alle ihre Vor- und Nachteile haben. Ganz grundsätzlich hat jeder Filter einen mechanischen Wirkungsteil und einen biologischen Wirkungsteil. Der mechanische Wirkungsteil dient dazu, Teilchen aus dem Aquarium zu entfernen, die das Wasser trüben oder als Schmutz empfunden werden. Zu diesem Zweck wird das Aquarienwasser durch ein geeignetes Filtermedium angesaugt und das gereinigte Waser anschließend wieder in das Aquarium zurückgepumpt. Dieser mechanische Reinigungseffekt wird meist durch Filterwatte, Schaumstoff oder dergleichen erzielt. Man sollte es sich zur Gewohnheit machen, diesen Dreckfilter wöchentlich beim Teilwasserwechsel zu säubern. Ideal ist es dabei, das Filtermedium in einem Eimer frisch abgesaugten Aquarienwassers auszuwaschen, weil dadurch die auch in diesem Medium befindlichen nützlichen Stickstoffbakterien geschont werden.

Der biologische Wirkungsteil teilt sich in verschiedene Abschnitte auf. Der bekannteste ist der aerobe Abschnitt. Hier wird versucht, durch die Bereitstellung eines Substrates mit größtmöglicher Oberfläche eine maximale Besiedlung mit aeroben Bakterien zu erreichen, die Ammoniak über die Zwischenstufe des Nitrits zu Nitrat umwandeln. Dieser Prozess ist strikt sauerstoffabhängig. Bekannte Substrate sind z.B. Tonröhrchen, Bioigel, verschiedene Kunststoffe, Blähtonkugeln oder auch Basaltsplit. Die Extremform des aeroben Filters ist der sogenannte Rieselfilter, bei dem das Wasser kaskadenartig über dünne Filterschichten läuft und sich dabei immer wieder stark mit Sauerstoff anreichert. Das funktioniert ganz ausgezeichnet, allerdings ist bei dem so behandelten Wasser nur ein kümmerlicher Pflanzenwuchs möglich. Ferner fördern die hohen Sauerstoffwerte das Algenwachstum ganz erheblich. Man setzt solche Filter daher möglichst nur bei alkalischem Wasser in stark besetzten Aquarien ein, wo die Gefahr einer Ammoniakvergiftung groß ist.

Immer häufiger werden neben den in jedem Aquarium unumgänglichen areoben Filtern auch anaerobe Filter eingesetzt, in denen Bakterien leben, für die Sauerstoff giftig ist.

Diese Filter haben zwei große Vorteile. Erstens kann man hier Bakterien kultivieren, die das relativ ungiftige Nitrat nochmals aufspalten, und zwar in gasförmigen Stickstoff und gasförmigen Sauerstoff. Beide Gase entweichen dann aus dem Wasser. Dadurch kann man, wenn der Filter gut funktioniert, die Nitratwerte im Aquarium sehr niedrig halten. Zweitens werden in diesen Filtern wichtige Pflanzennährstoffe, die im aeroben Filter oxidiert und damit für die Pflanzen wertlos werden, wieder reduzieren, also sozusagen von Sauerstoff befreien. Viele Aquarianer betreiben daher einen langsam laufenden anaerob funktionierenden Filter im Bypass, d.h. dieser Filter wird dem Wasserauflauf des aeroben Filters nachgeschaltet.

Es gibt verschiedene Medien für anaerobe Filter. Für die Nitrat reduzierenden Filter braucht man spezielle Kunststoffmedien, auf denen die gewünschten Bakterienkulturen bereits vorhanden sind. Für einen den Pflanzenwuchs fördernden Bypassfilter wählt man in der Regel einen kleineren Außenfilter mit schwacher Förderleistung, den man z.B. mit feinem Sand oder speziellen Filtersubstraten, wie Glassinter etc. beschickt. Ihr Zoofachhändler wird Sie gerne diesbezüglich beraten.

In Filter kann man auch gezielt Stoffe einbringen, die einen speziellen Zweck verfolgen. Hier wäre z.B. Filterkohle zu nennen. Diese sogenannte Aktivkohle entfernt sehr effektiv z.B. Medikamentenreste aus dem Wasser, aber auch Gilbstoffe und andere Wassertrüber. Man sollte Aktivkohle nur gezielt und nicht im Dauerbetrieb einsetzen. Ferner kann man Beutel mit Filtertorf im Filter unterbringen, die das Wasser ansäuern. Es gibt auch spezielle Austauscherharze, die etwa bei Bedarf zu hohe Nitrat- oder Phosphatwerte binden und dadurch rasch und effektiv senken. Mit Diatomeenerde gefüllte Spezialfilter können für sehr brillantes Wasser sorgen und senken sogar die Keimzahl im Wasser.

Das richtige Wasser im Guppyaquarium

Guppys sind äußerst anpassungsfähige Fische, die in unterschiedlichsten Wässern leben können. Aber - und das ist ein dickes aber - das gilt eher für Guppys als Art und weniger für das einzelne Individuum.

Da hier weniger philosophiert und mehr praktische Ratschläge gegeben werden sollen: Sie werden in aller Regel Guppys in dem Wasser, das aus Ihrer Leitung fließt, erfolgreich halten und züchten können. Dabei gibt es in weichem Wasser mehr Probleme als in hartem Wasser. Vor allem können Guppys pH-Wert-Sprünge ausgesprochen schlecht vertragen. Und die treten nunmal in weichem Wasser naturgemäß schneller auf, als in hartem Wasser. Sie sollten Guppys möglichst von einem Zoofachhändler in Ihrer Nähe kaufen, weil dann die Wahrscheinlichkeit groß ist, dass dessen Wasser ähnlich beschaffen ist wie das Ihre. Haben Sie weiches Wasser, so empfehle ich dringend, dass Sie einen Sprudelstein in Ihrem Aquarium installieren. Dadurch wird wenigstens die Gefahr der pH-Wert-Sprünge durch Kohlensäure stark reduziert.

Ein kerngesunder Guppy. Optimale Wasserpflege ist die Voraussetzung dafür.

Das Wasser im Guppyaquarium sollte immer optisch rein und wohlriechend sein. Guppys vertragen hohe Keimzahlen im Wasser nur schlecht und reagieren schnell mit schaukelnden Körperbewegungen, Flossenklemmen und Fressunlust wenn dieser Fall eintritt. Dann müssen Sie unbedingt sofort einen großzügigen Wasserwechsel durchführen (idealerweise verteilt auf mehrere kleinevon 20-25% des Inhalts im Abstand von 24 Stunden) und die Ursache beseitigen. Wird zuviel gefüttert? Ist der Filter verschlammt? Ist der Sprudelstein verstopft? Testen Sie auch unbedingt die Nitritkonzentration. Ein deutliches Anzeichen einer Nitritvergiftung ist allerdings eine beschleunigte Atmung und wenn die Fische japsend an der Wasseroberfläche hängen.

Probleme mit der Anpassung an Ihr Wasser werden immer nur Neuzugänge haben. Bereits die ersten Jungen, die bei Ihnen zur Welt kommen, werden mit Ihrem Wasser problemlos zurechtkommen.

Auf zwei Sonderfälle muss aber noch eingegangen werden. Befindet sich in Ihrem Haus eine Wasserenthärtungsanlage, so ist dieses Wasser für die Guppyhaltung ungeeignet. Sie müssen in solchen Fällen das Wasser für Ihr Aquarium vor der Enthärtungsanlage entnehmen. Wenn Sie neue Wasserleitungen aus Kupfer haben, so ist auch dieses Wasser zunächst bedenklich. Es muss sich erst eine Oxidschicht im Inneren der Leitungen bilden, bevor das Wasser verwendet werden kann. Kupfer ist ein starkes Fischgift. Auch in diesem Fall entnehmen Sie das Wasser im Keller vor dem Aufstieg in die Kupferleitungen.

Lassen Sie die Finger von Salz im Guppyaquarium. Bestimmte Krankheiten können dadurch ausgelöst werden, wenngleich Guppys selbst in reinem Meerwasser leben können. Mehr dazu finden Sie im Kapitel über Guppykrankheiten.

Guppyfütterung

Guppys sind von Natur aus Allesfresser. Sie können sowohl pflanzliche als auch tierische Kost verwerten. Ein gutes Flockenfutter wird in der Regel die Basisnahrung im Aquarium darstellen und das bekommt den Guppys auch gut. Beim Flockenfutter werden aber immer wieder entscheidende Fehler gemacht - durch den Pfleger, nicht durch den Hersteller. Man kann wohl sagen, dass jegliches Markenflockenfutter gut geeignet ist. Damit das Futter hochwertig bleibt, ist auf die richtige Lagerung der Dose zu achten. Sie muss kühl, trocken und dunkel aufbebewahrt werden.

Das Foto lässt sehr schön die Lage, Größe und Form des Guppymäulchens erkennen.

Flockenfutter enthält sehr empfindliche, für die Fischernährung aber unbedingt notwendige Inhaltsstoffe. Vitamine, ungesättigte Fettsäuren und andere Stoffe werden von Sauerstoff, Licht und Feuchtigkeit zerstört. Eine einmal angebrochene Dose sollte binnen zwei Wochen aufgebraucht werden. Sparen Sie nicht am falschen Ende, indem Sie preisgünstige Großgebinde kaufen! Wenn Sie einen Futterautomaten benutzen, sollte der täglich frisch beschickt werden. Gefüttert wird immer nur so viel, wie binnen 5 Minuten restlos aufgefressen werden kann. Man sollte dreimal, besser viermal täglich füttern, denn Guppys haben keine großen Mägen.

Hier besteht allerdings ein geschlechtsspezifischer Unterschied. Guppymännchen können sich im Gegensatz zu den Weibchen den Bauch so richtig vollschlagen. Das ist durch ihr Verhalten bedingt. Männchen verbringen viel Zeit mit der Balz. Das ist einerseits energiezehrend, andererseits zeitraubend. Zeit, die zum Fressen fehlt. Die Weibchen sind im Gegensatz hierzu den ganzen Tag mit Fressen beschäftigt.

Sehr gerne fressen Guppys die hochwertigen Frostfuttersorten. Besonders beliebt sind Rote, Schwarze und Weiße Mückenlarven, daneben Cyclops und ausgewachsene Artemien. Eine Fütterung am Tag sollte mit diesen Futtersorten erfolgen.

Sparsam sollte man mit Wurmfutter wie Tubifex umgehen. Diese sind sehr fett und daher bei zu häufiger Fütterung ungesund. Tubifex müssen immer gut gespült werden, denn vergammelte Tubifex führen zu Vergiftungen, wenn sie mitgefressen werden.

Ein besonderer Leckerbissen für große und kleine Guppys sind Artemia-Nauplien, die man in Salzwasser (drei Esslöffel jodfreies Kochsalz auf einen Liter Wasser) erbrütet. Davon können Guppys gar nicht genug bekommen, und bei der Jungfischaufzucht sollte wenigstens einmal täglich mit Artemia-Nauplien gefüttert werden.

Traurig aber nötig - Wissen über Guppykrankheiten

Guppys können, genau wie alle Lebewesen, an den unterschiedlichsten Krankheiten leiden. Es ist ratsam, einige Medikamente gegen die am häufigsten auftretenden Fischkrankheiten vorrätig zu haben, damit man im Fall der Fälle schnell handeln kann.

Eine beginnende Erkrankung äußert sich fast immer in einem auffälligen Verhaltenswechsel. Steht ein Guppy lustlos in einer Aquarienecke, schwimmt er mit auffälligen, wackelnden Bewegungen, frisst er wenig und ohne Appetit und klemmt er die Flossen, so ist das immer ein ernstes Alarmzeichen. Oftmals kann man in diesem Stadium der beginnenden Erkrankung noch die Selbstheilungskräfte des Fisches aktivieren, indem man einen kräftigen Wasserwechsel durchführt und die übliche Hälterungtemperatur um 3-4°C erhöht. Sehr viele Parasiten der Fische sterben ab oder werden zumindest stark geschwächt, wenn die Temperatur etwas über 30°C liegt. Aber Vorsicht: Bei derart hohen Temperaturen muss man die Fische sehr genau beobachten. Unbedingt muss ein Sprudelstein in das Aquarium, wenn man die Temperatur derart erhöht. Das Vermögen des Wassers, Sauerstoff zu binden, wird geringer mit steigenden Temperaturen. Paradoxerweise kann es aber bei derart hohen Temperaturen auch zu einer Sauerstoffvergiftung durch zuviel Sauerstoff im Wasser kommen, wenn das Aquarium stark bepflanzt ist. Die Pflanzen fahren nämlich die Photosynthese bei höheren Temperaturen ebenfalls hoch. Gegen beide Gefahren hilft ein Sprudelstein.

Während einer Behandlungsphase wird keine nächtliche Temperaturabsenkung durchgeführt. Da kranke Fische nur wenig fressen, sollte während einer Erkrankung nicht oder nur sehr sparsam gefüttert werden, um zusätzliche Belastungen der erkrankten Tiere durch schlechte Wasserwerte zu verhindern. Die wichtigste Behandlungmethode für Fischkrankheiten ist die Vorbeugung. Dazu gehört selbstverständlich die regelmäßige Pflege des Aquariums aber auch

Dieses Guppymännchen ist ernsthaft krank. Die Flossen wurden durch bakteriellen Befall zerstört und es ist bereits stark abgemagert.

die Quarantäne von Neuzugängen. Setzen Sie niemals einen neuerworbenen Fisch direkt zu dem Altbestand. Jedes Tier trägt Krankheitskeime in sich. Daran ist nicht der Züchter und auch nicht der Zoofachhändler schuld - das ist einfach so. Der Fang, der Transport und die Gewöhnung an die veränderten Wasserverhältnisse ist mit negativem Stress für den Fisch verbunden. Dadurch können Krankheiten ausbrechen, mit denen das Tier vorher spielend zurechtgekommen ist.

Traurig aber nötig - Wissen über Guppykrankheiten

Die Flossenschäden bei dem Guppymännchen sind nicht krankheitsbedingt, sondern auf mechanische Verletzungen zurückzuführen. Das ist harmlos und heilt von alleine wieder aus.

Traurig aber nötig - Wissen über Guppykrankheiten

Umgekehrt haben auch die bereits in Ihrem Aquarium schwimmenden Fische Krankheitserreger in sich. Der Neuzugang kann sich, geschwächt wie er ist, sehr leicht daran anstecken und auch ernsthaft erkranken. Der einzige sichere Weg, diese Gefahr zu umgehen, ist ein kleines Extra-Aquarium, das sogenannte Quarantäneaquarium. Das kann für Guppys ruhig klein sein, ein 40 cm langes Aquarium genügt bereits. Es wird mit Wasser aus dem großen Aquarium gefüllt. Ein Heizer und ein kleiner Innenfilter vervollständigen die Einrichtung. Verzichten Sie auf Bodengrund und Pflanzen. Im Quarantäneaquarium stört das nur. Es muss und sollte keinerlei Medizin vorbeugend ins Quarantäneaquarium gegeben werden. Mit ein wenig Glück erholt sich der neue Fisch sehr rasch von dem Stress und wird nie krank. Wichtig ist nur, die Wasserwerte im Quarantäneaquarium regelmäßig zu überprüfen. Ist der Fisch nach zwei Wochen nicht äußerlich sichtbar erkrankt, so kann er in das große Aquarium umziehen.

Auch wenn behandelt werden muss, erweist sich das Quarantäneaquarium als sehr vorteilhaft. Erstens braucht man in dem kleinen Aquarium sehr viel weniger Medizin. Zweitens ist der nach einer medizinischen Behandlung notwendige Wasserwechsel leicht und schnell durchzuführen. Drittens ist die Dosierung der Medizin viel genauer möglich, weil Bodengrund, Pflanzen etc., aber auch der große Filter den Abbau der wirksamen Bestandteile der Medizin stark beschleunigen können. Und viertens sind die unerwünschten Nebenwirkungen mancher Medikamente (Schneckensterben, Schädigung der Pflanzen, manche Fische vertragen bestimmte Wirkstoffe nicht etc.) im Quarantäneaquarium ohne Bedeutung.

An dieser Stelle können unmöglich alle Krankheiten abgehandelt werden, die Guppys ereilen können. Über das Thema Fischkrankheiten wurden schon dicke Bücher geschrieben. Es gibt jedoch einige besonders häufige Erkrankungen, die jeder Aquarianer kennen sollte.

Da wäre zum einen die berühmt-berüchtigte Pünktchenkrankheit. Weist der Guppy weiße, knötchenartige Punkte auf dem Körper und den Flossen auf, so handelt es sich mit hoher Wahrscheinlichkeit um *Ichthyophthirius*. Gegen diesen Erreger gibt es viele gut wirksame Medikamente im Zoofachhandel. Die Therapie wird duch erhöhte Temperaturen hervorragend unterstützt. Die Vermehrung dieser Parasiten erfolgt über sogenannte Schwärmer, die in großer Menge im Wasser nach neuen Opfern suchen. Die Bekämpfung der Schwärmer steht bei der Behandlung im Vordergrund.

Ein ähnliches Krankheitsbild zeigt eine zweite häufige Parasitenerkrankung. Doch sind die Pünktchen hier sein fein, beim Guppy zeigt der Körper oft einen samtartigen Überzug. Hierbei handelt es sich um *Piscinoodinum*, besser als Oodinum bekannt. Auch hiergegen gibt es zahlreiche Medikamente. Da der Parasit häufig zuerst die Kiemen befällt, ist eine beschleunigte Atmung in Verbindung mit apathischem Verhalten ein frühes Symptom. Achtung, eine Nitritvergiftung zeigt ähnliche Symptome! Vor einer Behandlung daher erst einen Nitrittest durchführen.

Ebenfalls mit samtartigem Hautüberzug äußert sich die Columnaris-Krankheit, eine Bakterien-Infektion. Die befallenen Fische scheuern sich, zeigen ein schlängelndes Schwimmverhalten und klemmen die Flossen. Hiergegen gibt es Präparate im Zoofachhandel.

Gefürchtet, leider beim Guppy weitverbreitet und schwer zu bekämpfen sind weitere bakterielle

Traurig aber nötig - Wissen über Guppykrankheiten

Erkrankungen. Sie äußern sich in vielfältiger Weise. Oft sind die Flossen ausgefranst, es bilden sich rote Adern in den Flossen oder blutunterlaufene Stellen auf der Haut. Wirksam sind hier nur Antibiotika, die jedoch nur unter Aufsicht eines Tierarztes eingesetzt werden dürfen. Die Behandlung mit Antibiotika ist auch für den Pfleger nicht unbedenklich und sollten - dies ist ein sehr ernst gemeinter Hinweis - niemals auf eigene Faust erfolgen. Man kann die bakteriellen Erkrankungen auch ohne Chemie durch Optimierung der Lebensbedingungen bekämpfen: Top-Wasserqualität, leichtverdauliche, hochwertige Kost (hier sind vor allem Artemia-Nauplien zu nennen) und Wärme steigern die Abwehrkräfte der Fische und führen oft zum Erfolg. Meist sind bakterielle Erkrankungen erst eine Folgeerscheinung vorhergehender ungünstigerer Lebensbedingungen. Sie bilden sich erst, wenn der Organismus des Fisches aus anderen Gründen geschwächt ist. Auslöser der bakteriellen Erkrankung sind dann oft an sich harmlose Keime, die eigentlich für den Abbau von abgestorbenen Tier- und Pflanzenteilen zuständig sind. Die Senkung der Keimzahl im Wasser durch UV-Brenner ist daher ein guter Weg, Prophylaxe zu betreiben. Suchen Sie im Falle einer bakteriellen Erkrankung immer auch nach der primären Ursache. Schwankt der pH-Wert im Tag-Nacht-Rhythmus? Ist ein Stänkerer im Aquarium, der permanent für negativen Stress und Unruhe sorgt? Liegt eine unerkannte parasitäre Erkrankung vor? Ist der Filter gepflegt und wird wöchentlich ein Teilwasserwechsel vorgenommen?

In der Natur leiden die wildlebenden Guppys sehr stark unter parasitischen Saugwürmern der Gattung *Gyrodactylus*. Diese Parasiten können auf bis zu 50% der wilden Guppys nachgewiesen werden. Während die Befallszahlen bei gefangenen Tieren mit etwa 10 Würmern pro Fisch relativ gering sind, sterben von künstlich infizierten Guppys bis zu 50% an der Erkrankung. In der Natur wird das nicht anders sein. Die niedrigen festgestellten Parasitenzahlen erklären sich wohl dadurch, dass stark erkrankte Tiere schnell sterben oder Opfer von Fressfeinden werden - übrig bleiben nur die resistenten Tiere, die den Saugwürmen so viel Widerstandskraft entgegenbringen, dass diese sich nur schwach vermehren können.

Unter Aquarienbedingungen spielen Saugwurminfektionen keine wichtige Rolle. Ich habe das Beispiel angeführt, um zu zeigen, dass unter wildlebenden Guppys der Parasitendruck ein wichtiges biologisches Regulationselement ist. Das Beispiel zeigt aber auch sehr schön, dass in der Natur die gleichen Prinzipien gelten wie im Aquarium. Fische können einem gewissen Parasitendruck standhalten, ohne zu erkranken. Erst wenn negative Stressfaktoren (Futtermangel, sozialer Stress, Feinddruck, schlechte Umweltbedingungen etc.) zusätzlich das Tier belasten, kann der vorher harmlose Parasitenbefall zu einer tödlichen Erkrankung führen.

Manch erfahrene Aquarianer wird sich vielleicht fragen, warum das Kochsalz als probates Medikament bei vielen Fischkrankheiten hier nicht erwähnt wurde. Das hat seinen Grund. Neuere Forschungsergebnisse der Fischzüchter in Singapur (einer Hochburg der modernen Guppyzucht) deuten darauf hin, dass Kochsalz im Wasser die Entwicklung des Parasiten *Tetrahymena* erheblich fördern kann. Die Zugabe von Kochsalz oder Meersalz kann daher die Guppys erst krank machen! Ich empfehle daher, auf den Einsatz von Salz als Medikament oder, wie es häufig praktiziert wird, als vorbeugenden Zusatz zum Wasser zu verzichten, bis dieser Sachverhalt abschließend geklärt ist.

Guppyverhalten

Guppys sind Schwarmfische und zeigen ein wirklich interessantes Verhalten. Es wurde im Kapitel "Guppyfütterung" schon erwähnt, dass Männchen und Weibchen ein unterschiedliches Fressverhalten zeigen. Die Männchen sind praktisch den ganzen Tag damit beschäftigt, die Weibchen zu umwerben und untereinander zu rivalisieren. Sie nehmen sich nur relativ selten Zeit zum Fressen und schlagen sich dann den Bauch voll, wenn sie die Gelegenheit dazu haben.

Die Weibchen hingegen sind mit der Fürsorge um den Nachwuchs beschäftigt, und das bedeutet fressen, fressen, fressen. In der Natur ist Schmalhans Küchenmeister. Die Trächtigkeit ist eine anstrengende Angelegenheit für das Weibchen und damit energiezehrend. Nur gut genährte und vitale Weibchen haben eine Chance, Krankheitserregern zu widerstehen und Fressfeinden zu entkommen. Sie sorgen für den heranreifenden Nachwuchs in ihrem Bauch am besten dadurch, dass sie so viel Kalorien wie irgend möglich zu sich nehmen.

Die Weibchen werden auch wesentlich größer als die Männchen und müssen daher von klein auf mehr Nahrung zu sich nehmen, um die Körpermasse aufbauen zu können.

Ein Guppyschwarm bietet unzählige Beobachtungsmöglichkeiten. Niemals wird es langweilig, ein derartiges Aquarium zu betrachten. Dies sind Wildguppys aus Florida.

Das Balzverhalten der Männchen ist komplex und spannend zu beobachten. Es beginnt mit dem Suchverhalten. Dabei sucht das Männchen aktiv nach einem Weibchen, das es bebalzen kann. Hat es eine mögliche Partnerin gefunden, beginnt die erste Phase der Balz, bei der sich das Männchen sozusagen vorstellt. Das Männchen verfolgt dabei das Weibchen mit angelegten Flossen. Es schwimmt über, unter und neben dem Weibchen her. Ein typisches Verhalten während dieser ersten Phase der Balz ist das Betupfen der hinteren Bauchregion des Weibchens mit dem Maul. Dann posiert das Männchen vor dem Kopf des

Guppyverhalten

Balzendes Guppymännchen in Phase 2 des Balzverhaltens.

Weibchens. Noch trägt es die Flossen an den Körper gepresst. All diese Maßnahmen dienen dazu, das Weibchen zu stimulieren. Geht das Weibchen auf die Werbung ein, so signalisiert es dies durch langsames Schwimmen und Phase 2 kann beginnen. Flieht es hingegen, so fängt das Spiel von vorne an.

In Phase 2 sucht das Männchen eine Kopf-an-Kopf Position zum Weibchen einzunehmen. Danach führt es sogenannte Balzsprünge aus, mit denen es sich rückwärts vom Weibchen wegbewegt; danach wartet das Männchen mit angelegten Flossen auf das Weibchen. Diese Balzphase dient wohl der Koordinierung beider Fische, denn im heiklen Moment der eigentlichen Begattung darf das Weibchen keine plötzlichen Bewegungen machen. Auf die Balzsprünge folgt das Signal zur Begattung. Jetzt präsentiert sich das Männchen mit zum Zerreissen gespannter Schwanzflosse vor dem Weibchen und nimmt eine S-förmige Körperhaltung ein. Zur Begattung selbst, die etwa eine Sekunde dauert, schwimmt das Männchen das Weibchen schräg von unten mit vorgeklapptem Begattungsorgan (Gonopodium) an.

Eine Partnerbindung gibt es bei Guppys nicht. Sie tun es mit jeder und jedem, der bzw. die gefällt und sich das gefallen lässt.

Interessanterweise sind zwar die Grundelemente der Guppybalz jedem Guppy angeboren, doch werden sie im Laufe eines Fischlebens den Erfahrungen angepasst. Wenn Sie Ihre Guppys genau beobachten, werden Sie feststellen, dass es faule und fleißige Balzer gibt. Manche balzen hübsch nach Lehrbuch, andere versuchen ihr Glück mit Vergewaltigungen.

Guppys beobachten genau. Sie lernen Balzelemente zu übernehmen, die sie bei anderen Männchen gesehen haben. Und es gibt Trickser und Schleicher, die die Balz eines Männchens beobachtend abwarten und in dem Moment, in dem das Weibchen stimuliert ist, hinzuschwimmen um zu kopulieren. Dabei versuchen sie, das Männchen, dem die Früchte seiner Arbeit eigentlich zustünde, abzudrängen.

Guppys sind ja so menschlich!

Es ist nicht ratsam, Tiere als Menschen in anderer Gestalt zu sehen, denn dann wird es einem unmöglich, sie zu verstehen. Doch zwischen dem Guppyverhalten und dem menschlichen Verhalten git es derartig viele nette Parallelen, dass es oft zum Schmunzeln reizt.

Nehmen wir z.B. das Guppyweibchen. Junge, unerfahrene Guppyweibchen nehmen noch mit jedem Aufschneider, der da angebalzt kommt, vorlieb. Alte, erfahrene Weibchen keineswegs. Bei den Guppys sind es die Weibchen, die die Entscheidung treffen, ob sich gepaart wird oder nicht. Und nur die attraktivsten Männer kommen bei reifen Frauen zum Zug. Kommt Ihnen das nicht irgendwie bekannt vor?

Umgekehrt ist es bei den Guppymännchen. Sie rackern sich ab, werfen sich in Schale, verschleißen ihre Kräfte, alles nur, um ein Weibchen gnädig zu stimmen und die Chance zu erhöhen, ihre Spermien und damit ihre Gene zu verbreiten. Doch auch wenn die Kopulation gelingt - ein Guppymännchen weiß nie, ob es seine Spermien waren, die aus den Guppyeiern Guppyjunge werden ließen. Denn die Weibchen speichern bei jeder Begattung die nicht benutzten Spermien und erhalten sie lebensfähig. Frischer Samen wird allerdings bevorzugt eingesetzt und so rackert man(n) sich halt immer weiter ab - Prinzip Hoffnung.

Männchen wie Weibchen stehen bei den Guppys auf Äußerlichkeiten. Es sind besonders schwarze Flecken, die sexy machen. Bei den Weibchen ist es der "Trachtigkeitsfleck", der die Männchen magisch anzieht (mit Trächtigkeit hat der nichts zu tun, auch Jungfrauen haben ihn). Bei den Männchen sind es schwarze Flecken, die auffällig mit den orangenen Zeichnungselementen kontrastieren, die das Weibchen die Wahl treffen lassen. Je intensiver die Flecken und je kontrastreicher die Färbung, desto sexier ist das Männchen in den Augen des Weibchens. So viel zum Thema "innere Werte zählen"! Über Schwindler und Kopulationserschleicher wurde schon berichtet. Auch dies lernen Guppys aus Erfahrung. Ein Männchen, das ohne großen Aufwand immer wieder zum Begattungserfolg kommt, lässt es sich ja gar nicht einfallen, noch lange mit energiezehrendem Vorspiel Zeit zu vergeuden.

Vielleicht sind es Beobachtungen dieser Art, die so viele Menschen zu begeisterten Aquarianern macht. Sie machen deutlich, dass die - ach so großen - menschlichen Probleme allgegenwärtig in der Natur sind und überhaupt nichts Besonderes darstellen. Diese Erkenntnis hilft sehr dabei, ein entspanntes Leben zu führen...

Drei Männchen wetteifern hier um ein Weibchen. Wem wird sie ihre Gunst schenken?

Der kleine Unterschied

Es wird Zeit, darüber zu reden, wie sich Guppymännchen und Guppyweibchen unterscheiden. Einiges wurde ja schon erwähnt. Die Männchen sind viel kleiner als die Weibchen und auf dem Körper wesentlich farbiger. Die Geschlechtsbestimmung erfolgt beim Guppy genau wie beim Menschen, sie besitzen also ein X und ein Y-Chromosom. Die Kombination XX ergibt Weibchen, die Kombination XY ergibt Männchen.

Bereits halbwüchsig und unausgefärbt kann man die Männchen leicht an der zu einem Begattungsorgan umgewandelten Afterflosse vom Weibchen unterscheiden. Guppys führen eine innere Befruchtung durch, das heißt, das Gonopodium wird in die Geschlechtsöffnung des Weibchens eingeführt und dabei der Samen übertragen. Die Eier entwickeln sich in einer sackartigen Höhle im Bauch des Weibchens. Eine direkte Nährstoffversorgung der Jungen durch das Weibchen erfolgt nicht. Die Jungen ernähren sich in ihren Eiern von Dottersäcken. Sie bleiben in ihren Eihüllen bis kurz vor dem Moment, in dem sie aus der Leibeshöhle des Weibchen herausgepresst werden. Dann platzt die Eihülle und die Jungen werden geboren. Sie sind zu diesem Zeitpunkt 4 - 6 mm lang. Die jungen Guppys fressen von Anfang an das selbe Futter wie ihre Eltern, nur muss es entsprechend kleiner sein. Das beste Jungfischfutter sind auf jeden Fall Artemia-Nauplien.

Guppypärchen, vorne das Männchen.

Die Trächtigkeit dauert im Durchschnitt 28 Tage, doch kann dies stark variieren. Faktoren, die hierfür verantwortlich sind, sind die Wassertemperatur, der Ernährungszustand des Weibchens, ob und wie oft das Weibchen schon geworfen hat oder auch der Stress, dem ein Weibchen ausgesetzt ist. Die Anzahl der Jungen kann zwischen eingen wenigen und über 100 schwanken. Das ist teils genetisch bedingt, hängt aber auch wieder von der Größe, dem Alter und dem Zustand des Weibchens ab. Im Alter von 3-4 Monaten sind Guppys zuchtfähig.

Die Schwimmblase neugeborener Guppys ist noch nicht mit Gas gefüllt, sie sinken demzufolge zu Boden, wenn

Kannibalen?

sie nicht schwimmen. Sie müssen aber nicht zur Wasseroberfläche schwimmen und Luft schlucken, um sie zu füllen. Das erledigen Blutgase.

Der Kannibalismus der Guppys gegenüber ihren Neugeborenen ist berüchtigt. Dies ist zumindest teilweise genetisch bedingt. Es gibt Stämme, die niemals ihre Jungen fressen, bei anderen muss man regelrecht Vorsorge treffen, dass überhaupt Jungfische groß werden. Meist hat aber das Weibchen eine anfängliche starke Fresshemmung gegenüber den eigenen Jungen, zumindest einige Stunden lang. Das Beste ist, wenn man das Weibchen einige Tage vor der erwarteten Geburt in ein eigenes Geburtsaquarium setzt, in dem anschließend die Jungen auch heranwachsen können. Den Boden des Geburtsaquarium legt man mit faustgroßen, runden Kieseln aus. Hier finden die Jungen direkt nach der Geburt Schutz. Es ist günstig, das Wasser nicht mehr als 10 cm hoch über die Kiesel einzufüllen. Man verwendet dazu Wasser aus dem Hälterungsaquarium und fügt 25% Frischwasser zu. Ein weiterer guter Schutz für die Jungen sind Schwimmpflanzen und Hornkraut, die man in das Geburtsaquarium gibt. Die handelsüblichen Ablaichkästen sind eher kritisch zu sehen. Manche Weibchen regen sich sehr auf, wenn sie in die engen Dinger gesperrt werden. Das kann sogar zu Früh- oder Totgeburten führen. Manchen Weibchen macht das freilich auch überhaupt nichts aus. In solchen Fällen kann man die Ablaichkästen durchaus einsetzen, doch viele Jungfische kann man darin nicht aufziehen, das muss einem klar sein.

Bei der Jungenaufzucht gilt noch mehr als sonst, dass für optimale Wasserverhältnisse gesorgt werden muss. Es gibt einen alten Züchterspruch, der besagt, dass man ein Fischleben lang nicht mehr aufholen kann, was in den ersten Wochen versäumt wurde. Das gilt auch und uneingeschränkt für Guppys. Füttern Sie also mehrmals täglich in kleinen Portionen, denken Sie an den Teilwasserwechsel und waschen Sie beim Wasserwechsel den Dreckfilter aus. Das Ergebnis dieser Bemühungen werden prächtige Guppys aus eigener Zucht sein.

Kräftige, gut genährte Weibchen stellen ihrem Nachwuchs nur selten nach.

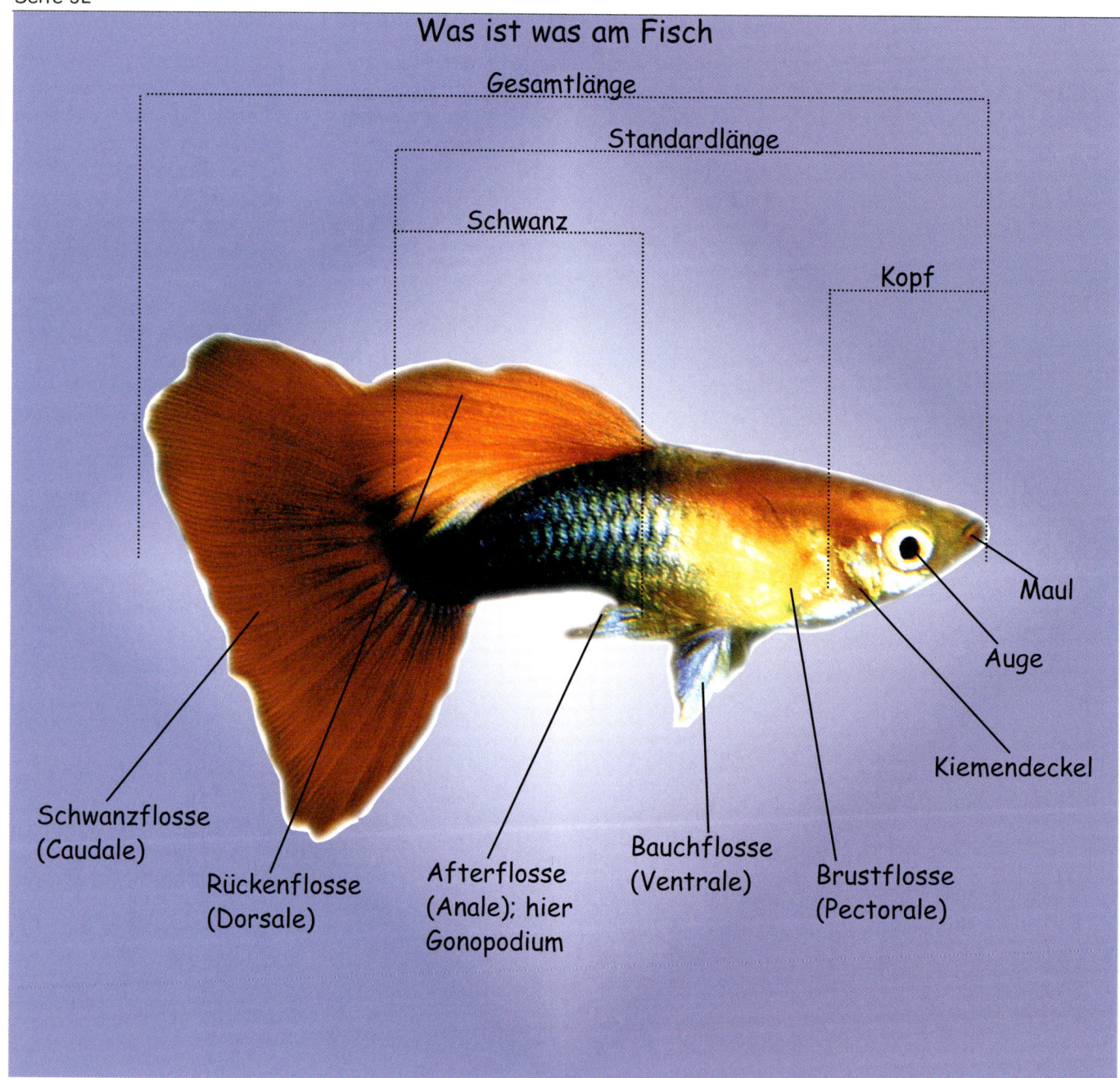

Artemia-Erbrütung

Artemia salina gehört zu einer uralten Gruppe von krebsartigen Tieren, den sogenannten Kiemenfüßern. Sie zeichnen sich dadurch aus, dass alle Arten als Anpassung an ihren periodisch austrocknenden Lebensraum Dauereier entwickeln. Diese Eier können Wochen, Monate oder Jahre im Zustand völliger Trockenheit im Bodenschlamm überdauern. Das Salinenkrebschen hat sich an besonders stark salzhaltige Lebensräume angepasst, obwohl die übrigen Kiemenfüßer ziemlich empfindlich auf Salz reagieren. In diesem extremen Lebensraum haben die Artemia kaum natürliche Feinde und können sich massenhaft vermehren – die Grundlage dafür, dieses Tierchen als Futtertier wirtschaftlich nutzen zu können. Die in der Aquaristik verwendeten Artemia stammen aus den großen Salzseen in den USA. Erwachsene Artemia sind etwa 1,5 cm lang.

Während die meisten anderen Futtertiere in Gewässern leben, in denen auch Fische vorkommen, ist das bei Artemia niemals der Fall. Dadurch sind Salinenkrebschen auch niemals Überträger von Fischkrankheiten. Besonders bei der Eingewöhnung von stressempfindlichen Wildfängen ist Artemia ein unentbehrliches Diätfutter.

Artemia-Dauereier kann man in jeder Zoofachhandlung kaufen. Zum Erbrüten benötigt man Salzwasser. Die Salzkonzentration darf zwischen 3% und 8% liegen. Am einfachsten nimmt man 3 Esslöffel Salz auf einen Liter Wasser, wenn man schnell Nauplien braucht, etwa weil gerade eine Zucht geklappt hat. Dabei schlüpfen immer Nauplien aus. Doch um eine optimale Schlupfrate zu erzielen, sollte man, wenn es die Zeit erlaubt, etwas mit der Salzkonzentration experimentieren. Meist ist es so, dass die Salzkonzentration für eine optimale Schlupfausbeute der Artemiaeier von Charge zu Charge etwas schwankt. Bei einer Temperatur von 18-32°C schlüpfen die Nauplien nach 24-36 Stunden. Die Brutzeit ist temperaturabhängig. Um eine maximale Ausbeute zu erhalten, sollte man einen Ansatz 48 Stunden stehen lassen.

Am einfachsten benutzt man haushaltsübliches Kochsalz für die Kultur von Artemia. Dabei muss man unbedingt darauf achten, dass dem Kochsalz keine Fluor- oder Jodzusätze beigefügt sind. Das vertragen die Artemia nämlich nicht. Lästig sind gelegentlich die dem Kochsalz beigefügten Trennmittel, die die Streufähigkeit des Salzes gewährleisten. Sie schaden zwar den Artemia nicht, doch haben sie Einfluss auf die Salzkonzentration. Oft hat man am Ende der Packung nur noch Trennmittel und kaum noch Salz. Ich empfehle daher grobkörniges Kochsalz, wie es für Salzmühlen im Handel angeboten wird. Hier ist kein Trennmittel beigefügt und das Salz ist leicht zu dosieren. Luxuriös ist die Verwendung von Meeressalz für Seewasseraquarien. Mit diesem etwas teureren Salz hat man allerdings hervorragende Schlupfergebnisse. Man wird es vor allem dann einsetzen, wenn man vorhat, die Artemia weiter aufzuziehen und an größere Fische zu verfüttern.

Für eine größere Menge Artemia-Eier (bis etwa $1/2$ Eßlöffel) benötigt man eine Membranpumpe, Luftschlauch, eine leere 1-Liter-Flasche (Weinflaschen haben sich sehr bewährt) und ein Artemia-Kulturgerät. Wenn man kontinuierlich füttern will, am besten zwei Weinflaschen (Prost!) und zwei Kulturgeräte. Das ist sehr einfach, nur das Blubbern der Flaschen und das Brummen der Membranpumpe nervt empfindliche Menschen. Braucht man nur sehr geringe Mengen Artemia-Nauplien (für etwa 30–50 Jungfische), so geht es auch geräuschlos. Dazu benötigt man nur kleine (300 ml) Einmachgläser, die man mit der Salzlösung füllt. Dann streut man eine Messerspitze voll Eier auf die Oberfläche. Die Oberflächenspannung des Wassers hält die Eier dann bis zum Schlupf an der Oberfläche, wo sie gut mit Sauerstoff versorgt sind.

Artemia-Nauplien schwimmen immer zum Licht hin. Man nennt dieses Verhalten positiv phototaktisch. Zur Entnahme stellt man dann das Kulturgefäß leicht schräg gegenüber einer stärkeren Lichtquelle auf. Die Nauplien sammeln sich dann an der dem Licht zugewandten Seite. Die zuletzt geschlüpften, noch ganz jungen Artemia sammeln sich dabei an der tiefsten Stelle des Gefäßes. Nun kann man sie einfach mit einem dünnen Schlauch absaugen und mit einem Artemia-Sieb auffangen.

Guppys in der Natur

Mit Guppys ist überall dort in der Welt zu rechnen, wo die Wassertemperatur niemals unter 16°C sinkt. Es gibt wenig Fischarten, die eine so große Toleranz gegen die verschiedensten Wasserwerte zeigen wie Guppys. In Indonesien fand ich sie in Abwasserkanälen mitten in Städten. Wer da reinfasst, holt sich die Seuche, und doch lebten dort Guppys. Sie waren sehr bunt, doch unmöglich zu halten. Sobald sie in reines Wasser verbracht wurden, starben sie.

Guppys wurden in vielen Teilen der Tropen ausgesetzt, um bei der Bekämpfung der gefährlichen Stechmücken zu helfen. Stechmücken leben als Larven im Wasser und sind hier eine bevorzugte Beute der Guppys. Ob Guppys wirklich bei der Seucheneindämmung helfen, ist ungewiss. Es war die Beobachtung, dass die große Insel Barbados fieberfrei ist, die den Guppy zum Weltenbürger machten. Auf Barbados ist der Guppys einer der ganz wenigen Süßwasserfische, die es dort gibt. Also, so schloss man rasiermesserscharf, es muss der Barbados-Guppy sein, der die Fiebermücken so kurz hält.

Schon damals, 1910, gab es vernünftige Leute, die darauf hinwiesen, dass es z.B. in Trinidad und Venezuela auch guppyartige Fische gibt, und dort durchaus das Fieber tobt. Trotzdem beschloss man, Guppys aus Barbados überall in den Tropen auszusetzen. Es war und ist schon immer schwierig, einmal ins Rollen gekommene bürokratische Prozesse wieder aufzuhalten.

Dort, wo es nicht wohlmeinende wenngleich ahnungsarme Tropenmediziner waren, die Guppys aussetzten,

Ein Wildguppy unbekannter Herkunft.

waren es die Aquarianer. Der weltweite Handel mit Aquarienfischen ließ den Guppy auch die entlegensten Teile der Erde erreichen. Leider sind viele Aquarianer so verantwortungslos, unliebsam gewordene Fische auszusetzen. Dies hat oft schlimme Folgen für die einheimischen Wassertiere. Tja, so wurde der Guppy zum Weltbürger. Selbst in Österreich und Deutschland gibt es wildlebende Guppys in Thermalbächen.

Demzufolge ist es heutzutage schwierig, das natürliche Vebreitungsgebiet der Guppys zu rekonstruieren. Ganz sicher kamen sie schon immer im nördlichen Südamerika vor, also Venezuela und wohl auch den Guyana-Ländern. Die Kleinen Antilleninseln sind auch seit jeher von Guppys besiedelt, wobei diese wohl auf dem Seeweg erreicht wurden. Inwieweit Brasilien zum natürlichen Verbreitungsgebiet der Guppys zählt, ist

Guppys in der Natur

schwer zu sagen. Immerhin ist nicht auszuschließen, dass das Amazonasbecken auf natürliche Art und Weise vom Guppy besiedelt wurde. Natürliche Ausbreitungsbarrieren waren wohl schon immer auf Seeseite die niedrigen Temperaturen im Süden Südamerikas und auf dem Landweg die Anden. Jedenfalls finden sich auf der pazifischen Seite Südamerikas wohl keine ursprünglichen Guppyvorkommen.

Trinidad dient der Guppyforschung schon lange als großes Freiluftlabor und viele Erkenntnisse über Guppys, die auch hier reflektiert werden, sind dort gewonnen worden. Dort leben Guppys gerne in kleineren Flüssen, die weitgehend pflanzenfrei sind. Jeder Fluss, ja oft sogar einzelne Flussabschnitte (wenn sie z.B. durch Wasserfälle voneinander getrennt sind, die die Guppys nicht überwinden können) hat seine eigene, in Färbung und Verhalten unterschiedliche Guppypopulation.

Solche Wildguppys findet man in der Nähe von Rio de Janeiro im südlichen Brasilien.

Dieser Wildguppy stammt aus der Umgebung von Belém in Brasilien, also vom unteren Amazonas.

Ein Wildguppy aus Peru, genauer gesagt, aus dem oberen Amazonasbecken.

Raubfische als Guppyzüchter

Die Farbigkeit von Guppys in der Natur wird vor allem von zwei Faktoren bestimmt: den Weibchen und den Raubfischen. Während die Weibchen sich gerne für den buntesten ihrer Verehrer entscheiden, fallen diese Raubfischen leichter zum Opfer.

Dort, wo große Raubfische den Guppys auflauern, sind sie am wenigsten bunt gefärbt. Dort, wo kleine Raubfische vor allem junge Guppys erbeuten, können sich die Männchen auch buntere Farbkleider leisten. Aber auch hier betätigen sich die Räuber als die Zuchtmeister der Guppys. Denn man findet in Guppypopulationen mit kleinen Raubfischen als Gesellschaft vor allem Weibchen, die weniger und dafür größere Junge bekommen und in Populationen, die mit größeren Raubfischen konfrontiert sind, Weibchen, die viele, aber kleinere Junge pro Wurf gebären. Auf Trinidad sind die großen Räuber vor allem Buntbarsche der Gattung *Crenicichla*, die kleinen Räuber hingegen Killifische der Art *Rivulus hartii*.

Rivulus hartii züchtet auf Trinidad Guppyweibchen mit großen Jungen.

Crenicichla-Buntbarsche züchten blasse Guppymännchen.

Fressfeinde als Guppyzüchter

Ein Wildguppymännchen aus Venezuela. Die blassen Körperfarben deuten darauf hin, dass dieses Tier aus einem Gewässer mit hohem Feinddruck stammt.

verhalten der Guppys. Dort, wo vor allem Fische die Fressfeinde darstellen, fliehen Guppys instinktiv in Richtung Wasseroberfläche, sie springen sogar aus dem Wasser heraus, um ihren Peinigern zu entgehen.

Dort, wo die Gefahr vor allem von außerhalb des Wassers droht, fliehen Guppys vor allem in Richtung Bodengrund, wo sie sich zwischen Steinen, Wurzeln etc. verstecken können.

Es gibt natürlich viele Zwischenstufen zwischen diesen Extremen und Guppys sind darüber hinaus lernfähig. Aber selbst bei Hochzuchtguppys kann man noch die beiden bevorzugten Fluchtformen bei Beunruhigung beobachten.

Guppys haben viele Feinde. Nicht nur Fische, sondern auch große Garnelen, Insekten, Spinnen und fischfressende Vögel. Danach richtet sich auch das Flucht-

Werden Guppys z.B. in ein Fotografieraquarium gesetzt, so klemmen sich manche Tiere hartnäckig unter die Oberfläche, andere bleiben am Boden liegen.

Diese Guppys halten sich nach dem Einsetzen ins Fotobecken unter der Wasseroberfläche auf.......

.....und diese am Bodengrund. Das Fluchtverhalten ist vor allem genetisch bedingt.

Farbenlehre für Guppyzüchter

In der praktischen Guppyzucht unterscheidet man Grundfarben und Deckfarben. Dabei geht es weniger um das, was man mit bloßem Auge untendrunter oder obendrauf sieht. Wichtig ist eher, dass die Grundfarben geschlechtsunabhängig vererbt werden, während die Gene für die Deckfarben entweder vom Männchen oder vom Weibchen vererbt werden können.

Es gibt folgende Grundfarben:

Grau - der Körper ist grau mit dunkler Schuppenumrandung (man erinnere sich: reticulata, der Artname des Guppys, bedeutet genetzt).
Vererbt wird die Grundfarbe Grau dominant gegenüber allen anderen Grundfarben.

Guppyweibchen mit der Grundfarbe Blond.

Guppyweibchen mit der Grundfarbe Grau.

Blond - die am häufigsten gezüchtete einfach-rezessive Grundfarbe. Der Körper ist hellgelb, ohne dunkle Schuppenumrandung.
Ob ein Fisch eine dunkle Schuppenumrandung hat, sieht man am besten auf dem Rücken. Auf dem Körper ist die Grundfarbe oft vollständig von Deckfarben überzeichnet.

Gold - ebenfalls einfach rezessiv. Die Farbe ist wie blond, doch haben die Schuppen eine dunkle Umrandung.

Blau - einfach rezessiv, der Körper ist blau.

Zwei Guppyweibchen mit der Grundfarbe Blau.

Farbenlehre für Guppyzüchter

Albino - eine einfach rezessive Grundfarbe. Albinos erkennt man am leichtesten an den hellroten Augen.

Lutino - sehr ähnlich zu Albino, intensiv gelber Körper, dunkelrote Augen. Einfach rezessiv vererbt.

Lutinomännchen. Achten Sie auf die dunkelroten Augen. Durch die Deckfarben, die bei den Männchen sehr intensiv sind, ist die Grundfarbe bei den Weibchen leichter zu erkennen.

Pink - eine noch rätselhafte Grundfarbe, die vermutlich einfach rezessiv vererbt wird. Der Körper ist gelb, die Schuppen sind dunkel umrandet. Die Färbung ähnelt Gold, ist jedoch heller.

Weibchen der Grundfarbe Pink. Die Grundfarbe Gold ist sehr ähnlich.

Die folgenden Grundfarben werden doppelt rezessiv vererbt. Die Zucht ist schwierig und wenig ergiebig. Hinzu kommt noch, dass die Vitalität der doppelt rezessiven Tiere schnell nachlässt, wenn man es versäumt, gelegentlich graue Tiere einzukreuzen. Aus diesen Gründen findet man die folgenden Grundfarben nur bei sehr spezialisierten Züchtern und praktisch nie im Handel.

Weiß - der Körper ist weißlich, die Farbe ist eine Kombination der Grundfarben Blond und Blau. Die Tiere wirken manchmal fast durchsichtig und sind daher eine aparte Erscheinung.

Creme - eine Kombination aus Gold und Blond. Schwer zu erkennen, der hellgelbe Körper ist etwas dunkler als bei blonden Tieren.

Silber - diese Kombination aus Gold und Blau besitzt einen weißlich-grauen Körper, die Schuppen sind dunkel umrandet.

Tiere mit doppelt rezessiver Grundfarbe sind schwer zu erkennen. Ist dies nun ein helles Exemplar der Farbe Blau, oder ein Tier der Farbe Silber?

Dreifach rezessiv ist schließlich die Grundfarbe Albino-Weiß. Dies sind schneeweiße Tiere mit hellroten Augen. Die Zucht ist sehr schwierig, die Fische in der Aufzucht heikel. Ihre Zucht wird daher kaum betrieben.

So, das waren die Grundfarben. Das, was die Guppymännchen so bunt macht, sind hingegen die sogenannten Deckfarben. Sie werden in aller Regel durch die Männchen vererbt. Eine bekannte und wichtige Ausnahme ist das Gen, das dafür sorgt, dass die hintere Körperhälfte schwarz ist (nigrocaudatus, Latein: nigro = schwarz, caudatus = geschwänzt), und von Männchen und Weibchen vererbt werden kann.

Was bedeutet denn nun der Unterschied zwischen Grund- und Deckfarben in der Praxis? Ganz einfach.

Wenn ich einen Guppy mit einer bestimmten Färbung züchten möchte, so brauche ich zunächst einen reinerbigen Stamm in der gewünschten Grundfarbe. Denn nur so lassen sich die Ergebnisse einer Kreuzung derart weiterkreuzen, dass am Ende der gewünschte Fisch steht.

Ein Beispiel: Ich habe ein besonders schönes Männchen vom Typ Snakeskin, dessen Grundfarbe grau ist. Ich möchte jetzt aber unbedingt Snakeskin-Guppys mit der Grundfarbe blond züchten. Also paare ich diesen Prachtmann mit einem blonden Weibchen. Befinden sich jetzt im ersten Wurf dieser Paarung blonde Exemplare, so war der Snakeskin-Mann ein spalterbiges Tier. In diesem Fall ist unser Ziel schon erreicht. Ich brauche nur die blonden Geschwister dieser ersten Generation weiter miteinander zu paaren. Das Ergebnis werden immer blonde Snakeskin sein. Aber es kann auch sein, dass unter den Jungen der ursprünglichen Paarung kein einziges blond ist. In diesem Fall war unser ursprüngliches Männchen reinerbig grau, und diese Farbe ist dominant gegenüber blond. Aber alle seine Söhne sind jetzt mischerbig. Der schönste Sohn mit einem neuen blonden Weibchen oder seiner Schwester gekreuzt ergibt bereits einige Exemplare mit der gewünschten Zeichnung - blond und Snakeskin. Diese Geschwister miteinander verpaart ergeben den gewünschten Stamm.

Natürlich liest sich das einfacher, als es sich züchtet. Der Teufel treibt auch hier gerne sein Spiel. Der Fak-

Zwei bildschöne Snakeskin-Männchen mit der Grundfarbe Grau. Der internationale Handel nennt solche Fische King Cobra.

Die Guppyzucht in der Praxis

Durch die Verpaarung von grauen Snakeskin mit blonden Weibchen.....

Zucht mit der Grundfarbe grau. Da kann alles mögliche herausmendeln (mehr dazu auf den bluen Seiten 48 + 49). Da man bereits den Männchen nicht ansehen kann, ob sie rein- oder spalterbig sind, ist es mehr als sinnvoll, bei der Anpaarung auf Weibchen eines reinerbigen Stammes zurückzugreifen. Es bleibt dann gerade kompliziert genug, weil im Falle der Spalterbigkeit des Vaters wieder nur ein Viertel der Nachkommen reinerbig grau ist. Es sind dann umfangreiche Geschwisterpaarungen nötig, um unerwünschte Erbfaktoren halbwegs sicher ausschließen zu können. Dabei drängt auch die Zeit. Denn unser ursprüngliches Traummännchen wird nicht ewig leben. Es ist aber nötig, ihn mit seinen Töchtern zu verpaaren, um die gewünschten Eigenschaften zu festigen. Man muss

tor Snakeskin wird nur vom Männchen vererbt. Man glaubt ja gar nicht, wie sehr sich das statistisch ausgeglichene Geschlechterverhältnis in Guppywürfen (es kommen etwa 50% Männchen und 50% Weibchen zur Welt) plötzlich im Einzelfall verschieben kann und dann z.B. alle blonden Jungfische Weibchen sind. Oder es sind ein paar Männchen dabei, aber die haben so gar nichts von der Schönheit des Vaters abbekommen.

Wie dem auch sei, dies war ein ziemlich einfaches Beispiel. Es ist ohnehin relativ leicht, neue Deckfarben von grau auf einfach rezessive Grundfarben zu züchten, weil die Tiere, die die rezessive Grundfarbe zeigen, auch immer reinerbig sind. Viel schwieriger ist es dagegen bei der

..... erhält man relativ schnell blonde Snakeskin - wenn man weiß, wie!

aber wissen, wie die Töchter vererben. Hinzu kommt noch, dass die Zuchtweibchen immer jungfräulich sein müssen, damit ausgeschlossen werden kann, dass eventuell vorher gespeicherter Samen eines anderen Männchens für die Zeugung verantwortlich war.

In der Praxis wird man daher den Vater mit einer möglichst großen Zahl seiner Töchter verpaaren. Diese müssen einzeln gehalten werden, damit ganz sicher ist, welche Jungfische von welcher Mutter kommen. Zeigt ein Wurf dann ein einheitliches Bild bei den Männchen, ist die Wahrscheinlichkeit hoch, dass auch die Weibchen rein weitervererben. Nun kann mit der Geschwisterverpaarung versucht werden, die Erblinie zu festigen.

Hier sehen wir ein Snakeskin-Männchen mit der Grundfarbe Blond und der Deckfarbe Rot.

Parallel hierzu wird man aber auch mit der ersten Generation (F1) bereits Geschwisterpaarungen durchführen, um einen Trumpf für den Fall in der Hinterhand zu haben, in dem keine der Vater-Tochter-Kreuzungen das gewünschte Ergebnis zeigt.

Das klingt nicht nur kompliziert, das ist es auch. Ohne ein sorgfältig geführtes Zuchtbuch, in dem alle Verpaarungen peinlich genau geführt werden und vor allem auch ihr Ergebnis, wird man niemals einen erbreinen Stamm erzielen können. Viel Wissen, züchterisches Geschick und wissenschaftlich exaktes Arbeiten sind hierfür die Voraussetzungen. Man kann daher gut verstehen, wenn nach oft jahrelanger Arbeit eine "neue" Guppysorte auf den Markt kommt, diese von den stolzen Züchtern einen wohlklingenden Namen erhält. Einige davon sind in diesem Buch erwähnt. Dabei haben die Profizüchter in Asien, Israel und den USA nochmal mit anderen Problemen zu kämpfen, als die Hobbyzüchter weltweit. Im Hobby steht der individuelle Fisch viel mehr im Mittelpunkt, die Anzahl der vorhandenen Fische ist auch viel begrenzter. Ein Profizüchter muss in der Lage sein, tausende von Exemplaren regelmäßig zu liefern. Diese Fische müssen nicht nur schön, sondern auch kerngesund sein, denn sie haben einige stressige Tage oder Wochen vor sich, bis sie schließlich im privaten Aquarium schwimmen.

Dieses Männchen hat ebenfalls die Grundfarbe Blond und die Deckfarbe Rot.

Ein blondes Männchen mit Nigrocaudatus-Gen und roter Deckfarbe.

So sieht die gleiche Farbkombination (Nigrocaudatus, Deckfarbe Rot) auf einem Tier der Grundfarbe Grau aus.

Die Guppyzucht in der Praxis

Ein blondes Weibchen mit Nigrocaudatus-Gen. Die Deckfarben sind bei Weibchen schwer zu erkennen. Dieses Tier hat die Deckfarben Bunt.

Die Guppyzucht in der Praxis

Raten Sie mal: Wie bezeichnet man diesen Mann?

Grundfarbe Grau, Deckfarbe Bunt.

Pater Mendel zählt Erbsen

Die Züchtung von Haustieren und Nutzpflanzen erfolgte bis zum 20. Jahrhundert mehr oder weniger nach dem Motto: Versuch macht kluch. Dabei entdeckte der Mönch Gregor Mendel bereits 1864, dass die Vererbung von Merkmalen Regeln folgt, die sich mit Zahlen belegen lassen. Seine Arbeit wurde, wie die so vieler Genies, zu Lebzeiten Mendels jedoch nicht gewürdigt. Erst 1900 erkannte man die ungeheure Bedeutung seiner Forschung. Heutzutage ist die Genetik ein hochkomplexer Forschungszweig (man denke an die Stichworte "Gentechnologie", "Klonen" etc.), doch für die Fischzucht genügt es, mendeln zu können.

Mendel hatte im Klostergarten 4 Sorten Erbsen. Bei einer waren die Erbsen grün und rund, der zweiten gelb und rund, der dritten grün und schrumpelig und der vierten gelb und schrumpelig. Das brillante an der Auswahl der Erbsen ist: Sie lassen sich zählen und damit können die mathematischen Gesetzmäßigkeiten gefunden werden, denen die Vererbung folgt. Mendel kreuzte also Erbsen und Mendel zählte Erbsen und er fand heraus:

Das 1. Mendelsche Gesetz, das Uniformitätsgesetz.

Dies besagt, dass, kreuzt man zwei reinerbige Sorten, deren Nachkommen untereinander immer gleich aussehen. Dabei fand er folgendes: Merkmale können dominant (beherrschend) oder rezessiv (unterdrückbar) sein. Kreuzt man zwei einander gleichwertige Sorten (also dominant mit dominant oder rezessiv mit rezessiv), so sehen die Nachkommen wie ein Mittelding zwischen den Eltern aus. Kreuzt man hingegen dominant mit rezessiv, so sieht die F1 (= 1. Kindergeneration) aus wie die dominante Sorte.

Schnell wurde Mendel klar, dass es einen Unterschied gibt zwischen Aussehen und Erbeigenschaften. Er unterschied daher den Genotypus (der die Erbeigenschaften beschreibt) und den Phänotypus (der das Aussehen beschreibt). Kreuzt man F1-Abkömmlinge einer Kreuzung untereinander, so findet man das

2. Mendelsche Gesetz, das Spaltungsgesetz.

Denn nun spaltet sich die F2 aus dem einheitlichen Phänotypus gemäß ihres Genotypus´ auf. Waren die Sorten der ursprünglichen Elterngeneration (P-Generation) gleichwertig, so enthält die F2 genau 1 Viertel Nachkommen, die wie das eine Elternteil aussehen, 1 Viertel, die wie das andere Elternteil aussehen und 2 Viertel, die wie die F1 aussehen. Stammte die F1 aus einer dominant-rezessiven Kreuzung, so sieht die F2 zu 3 Viertel aus wie der dominante Part. Davon ist aber nur 1 Viertel reinerbig, 2 Viertel sind mischerbig. Das restliche Viertel der F2 sieht aus wie der rezessive Part und ist auch reinerbig. Das Mischungsverhältnis des Genotyps der F2 ist immer 1:2:1, egal welcher Kreuzung die F1 auch entsprang.

All dies gilt, solange man sich nur ein Merkmal (Phän) anschaut, also bei den Erbsen grün und gelb oder glatt und schrumpelig. Was ist aber, wenn man beide Merkmale gleichzeitig betrachtet? Mendel kreuzt und zählt und findet das

3. Mendelsche Gesetz, die Neukombination der Gene.

Jedes Phän wird unabhängig voneinander gemäß der ersten beiden Mendelschen Gesetze vererbt. Kreuzt man zwei Sorten, die sich in zwei Merkmalen voneinander unterscheiden (grün + glatt mit gelb + schrumpelig) so vererben sich die Phäne Grün und Gelb nach Gesetz 1 und 2 und die Phäne Glatt und Schrumpelig ebenso. Ist Grün dominant, Gelb rezessiv, Glatt dominant, Schrumpelig rezessiv, so erhält man in der F1 nur grüne glatte Erbsen, die F2 hat 9 Anteile grün + glatt, 3 grün + schrumpelig, 3 gelb + glatt und 1 gelb + schrumpelig.

Fischzucht mit Mendel

Erstes Mendelsches Gesetz, 1. Versuch. Rot und blau sind dominante Farben.

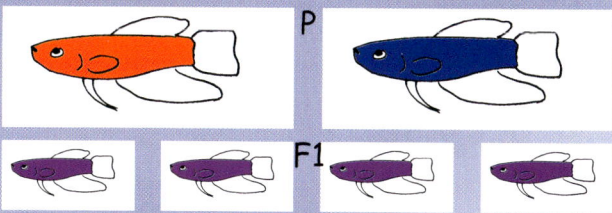

Erstes Mendelsches Gesetz, 2. Versuch. Rot ist dominant, blau ist rezessiv.

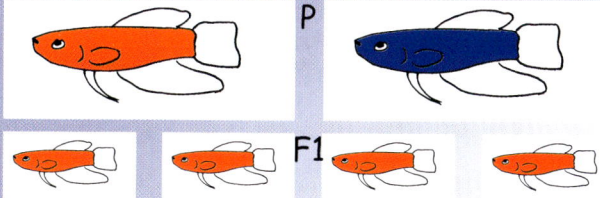

Zweites Mendelsches Gesetz. 3. Versuch. Kreuzung zweier Tiere aus der dominant-dominant-Kreuzung (1. Versuch).

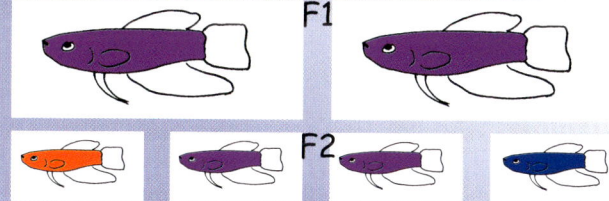

Zweites Mendelsches Gesetz. 4. Versuch. Kreuzung zweier Tiere aus der dominant-rezessiven-Kreuzung (2. Versuch).

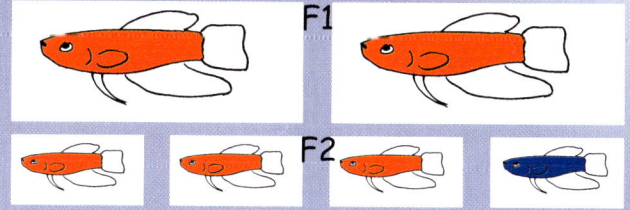

Drittes Mendelsches Gesetz. 5. Versuch. Rot ist dominant, blau rezessiv, Rundschwanz dominant, Scherenschwanz rezessiv.

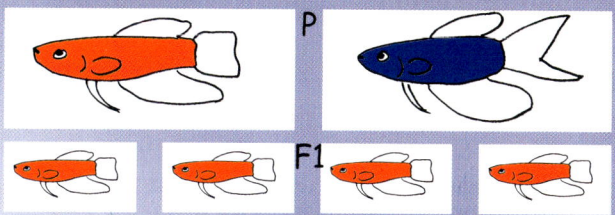

Drittes Mendelsches Gesetz. 6. Versuch. Kreuzung zweier F1-Tiere aus Versuch 5.

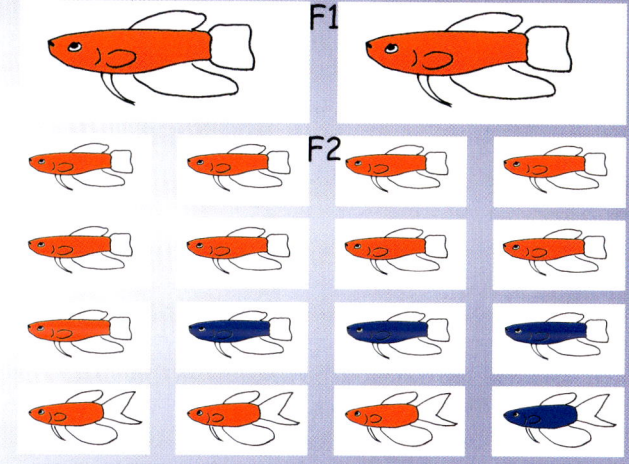

Man stellt die Allele, so nennt man die für ein Phän verantwortlichen Genpaare, gerne als Buchstabenpaare dar. Dominante Allele schreibt man in Großbuchstaben, rezessive in Kleinbuchstaben. Die Versuche 1 und 3 ergeben z.B. so geschrieben:

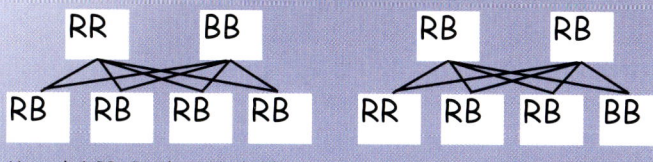

Versuch 1. RR= Rot (reinerbig), BB = Blau (reinerbig), RB= Lila (mischerbig)

Versuch 3. RR= Rot (reinerbig), BB = Blau (reinerbig), RB= Lila (mischerbig)

Guppyzucht auf dem Papier

Vielleicht hat mancher Leser etwas gezuckt, als die ganze Zeit von "Vater-Tochter-Paarung", "Geschwisterpaarung" etc. die Rede war. Das ist doch Inzucht, mehr noch, Inzestzucht. Ist das nicht schädlich?

In der Regel kann man diese Frage mit "Nein" beantworten. Die Praxis hat gezeigt, dass Fischstämme selbst nach Jahrzehnten reiner Inzucht vollkommen gesund geblieben sind. Der Züchter muss allerdings bei jeder neuen Anpaarung unbedingt darauf achten, dass bereits in der F1 keinerlei Krüppel sind. Denn selbstverständlich steigt bei der Inzucht die Gefahr, dass rezessiv vorhandene Gene aufeinandertreffen, die Tod oder Krankheit bei dem betroffenen Tier auslösen. Gefährlich wird es vor allem dann, wenn der Züchter etwas erzwingen möchte. In der Tierzucht gilt ganz allgemein, dass nur kerngesunde und kräftige Exemplare zur Vermehrung kommen dürfen. Wenn ein schwächliches Exemplar aber Merkmale zeigt, die ein Züchter unbedingt weiterverfolgen will, so züchtet er unter Umständen trotzdem mit dem Schwächling. War die schlechte Kondition eine Folge von schlechten Lebensbedingungen, so macht das nichts. Doch wenn sie erblicher Natur war - prost Mahlzeit.

Das Einkreuzen blutfremder Tiere kann nichtsdestotrotz einen enormen Vitalitätsschub bringen. Bei der Neukombination der Gene (3. Mendelsches Gesetz) geht es nämlich nicht nur um Farben und Formen - alle Gene werden neu kombiniert. Und das kann erstaunliche Wirkungen haben.
Für alle, die Spaß am Mendeln gefunden haben, hier noch die Allelbezeichnungen für die Grundfarben der Guppys, mit denen sich schöne Diagramme malen lassen (nach MEYER, WISCHNATH, FOERSTER, 1985, verändert):

Grau (dominant) -   AA BB GG RR LL PP
Albino (einfach rezessiv) -   aa BB GG RR LL PP
Blond (einfach rezessiv) -   AA bb GG RR LL PP
Gold (einfach rezessiv) -   AA BB gg RR LL PP
Blau (einfach rezessiv) -   AA BB GG rr LL PP
Lutino (einfach rezessiv):   AA BB GG RR ll PP
Pink (einfach rezessiv?) -   AA BB GG RR LL pp
Creme (doppelt rezessiv) -   AA bb gg RR LL PP
Weiß (doppelt rezessiv) -   AA bb GG rr LL PP
Silber (doppelt rezessiv) -   AA BB gg rr LL PP
Albino-Weiß (dreifach rezessiv) -   aa bb GG rr LL PP

Dabei steht A für Albino, B für Blond, G für Gold, R für Blau, L für Lutino, P für Pink.

Guppymännchen der Grundfarbe Pink. Diese Grundfarbe ist noch unzureichend erforscht.

Schwanzflossenformen

Die ganze Zeit war nur von Farben die Rede. Drei weitere Faktoren sind für die Guppyzucht aber mindestens ebenso wichtig: 1. die Körperform, 2. die Beflossung und 3. die Vitalität. Die Punkte 1 und 3 kann man durch pflegerische Maßnahmen beeinflussen. Bestes Futter, optimale Wasserpflege und strenge Auslese von verkrüppelten Tieren sind dazu nötig.

Über die Flossen hingegen muss man wieder einiges wissen. Es gibt im wesentlichen drei Typen von Schwanzflossenformen:

Die Kurzflosser, die sich in
Rundschwanz, Nadelschwanz, Speerschwanz und Spatenschwanz gliedern;

die Schwertflosser,
mit Obenschwert, Untenschwert, Doppelschwert, Scherenschwanz und Leierschwanz;

die Großflosser mit
Fahnenschwanz, Schleierschwanz, Fächerschwanz und Triangelschwanz.

Kurzflosser

Beim Rundschwanz ist die Schwanzflosse hinten abgerundet.

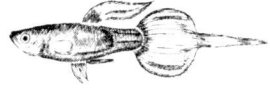

Beim Nadelschwanz sind die mittleren Schwanzflossenstrahlen verlängert. Diese Form ist sehr selten.

Beim Speerschwanz laufen alle Schwanzflossenstrahlen gleichmäßig in eine Spitze aus.

Beim Spatenschwanz ist die Schwanzflosse oben und unten gerade und läuft in der Mitte zu einer Spitze aus.

All diese Fische verfügen oft über sehr intensiv gefärbte Körperzeichnungen. Einige gehören zu den vom Aussterben bedrohten Haustierformen.

Schwertflosser

Beim Obenschwert ist die obere Schwanzflosse schwertförmig verlängert.

Beim Untenschwert ist die untere Schwanzflosse schwertförmig verlängert.

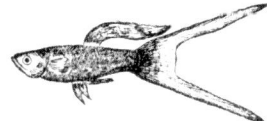

Beim Doppelschwert ist die Schwanzflosse oben und unten schwertförmig verlängert.

Schwanzflossenformen

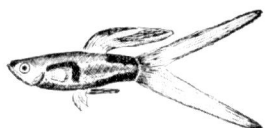

Der Scherenschwanz ist dem Doppelschwert sehr ähnlich, doch ist die Schwanzflosse im Mittelteil sehr tief eingeschnitten. Ich persönlich habe diese Form noch nie gesehen. Sie wird in neueren Büchern auch nicht mehr erwähnt und ist möglicherweise ausgestorben.

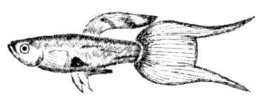

Der Leierschwanz ist an seinen nach außen gebogenen Schwertenden erkennbar.

Großflosser

Der Fahnenschwanz ist eine kaum noch gezüchtete Form, bei der die obere und die untere Flossenkante gerade verläuft.

Der Schleierschwanz ist eine sehr harmonische Form, Ober- und Unterkante verlaufen in einem sanften Bogen.

Der Fächerschwanz ist eine sehr beliebte Form. Die Schwanzflosse bildet ein Dreieck und soll im Idealfall einen oberen und unteren Schenkelwinkel von 45° im Vergleich zum Körper aufweisen.

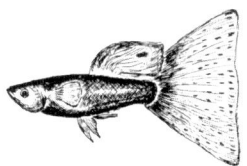

Der Triangelschwanz ist die derzeit beliebteste Zuchtform. Sehr ähnlich dem Fächerschwanz, doch sollte der Anstiegswinkel der Flossenränder im Vergleich zur Körperlängsachse 70° betragen.

Neben diesen Standardformen gibt es noch die sogenannten Giessener und Berliner Guppys, bei denen alle Flossen des Körpers verlängert sind. Der Berliner Guppy ist möglicherweise ausgestorben, er war in der Lebensfähigkeit stark eingeschränkt. Der Giessener Guppy wird hingegen als "Ribbon-Guppy" zumindest in Asien weiter gezüchtet. Der Faktor zur Flossenverlängerung ist dominant. Man züchtet diese Fische am besten nicht reinerbig, sondern kreuzt regelmäßig andere Stämme ein.

Nicht nur die Männchen, auch die Weibchen haben Einfluss auf die Schwanzflossenformen ihrer Söhne. Man sollte sich das Leben nicht unnötig schwer machen und von Anfang an beim Aufbau eines neuen Stammes auch die zum vorsehenen Zuchtziel passenden Weibchen einsetzen. Rundschwanzweibchen sehen wie Wildguppyweibchen aus. Schwerttypweibchen sind ziemlich gestreckt. Und Großflosserweibchen haben, ähnlich wie die männlichen Gegenstücke, schon stark vergrößerte Schwanzflossen.

Die Rückenflosse kann , muss aber nicht vergrößert sein. Dies gilt für alle Varianten, Männchen und Weibchen.

Guppyhochzucht

Giessener Guppy, Lutino, auf einer Ausstellung in Japan fotografiert.

Ist Guppyhochzucht naturwidrig?

Die verschiedenen Flossenformen sind bereits beim Wildguppy angelegt. Hier ein Wildguppy mit Obenschwert.

Ist Guppyhochzucht naturwidrig?

Wer Tiere züchtet, übernimmt damit Verantwortung. Wenngleich alle Veränderungen, die man Guppys anzüchten kann, bereits von der Natur so vorgesehen sind, heißt das noch lange nicht, dass man dies auch ausnützen muss.

Zuchtziel sollte immer sein, gesunde und damit lebensfrohe Guppys zu züchten. Dies betrifft vor allem die Flossengröße. Guppymännchen mit zu großen Schwanzflossen werden in ihrer Schwimmfähigkeit stark behindert. Das Balzverhalten kann dann oft nicht mehr richtig durchgeführt werden. Hinzu kommt, dass die Wirbelsäule der Tiere sich im Laufe des Lebens aufgrund der zu großen Schwanzflosse verkrümmt, was die Tiere in ihren Bewegungen noch weiter einschränkt.

Hier ist es an dem Züchter, sich selbst Einhalt zu gebieten. Es ist natürlich schwer zu sagen, ob der Guppy mit übergroßer Schwanzflosse Qualen erleidet, es sich also um eine Qualzucht im Sinne des Strafgesetzbuches handelt. Wahrscheinlich ist dem nicht so, denn die betroffenen Fische zeigen keine Verhaltensstörungen, die auf Schmerzen hinweisen. Aber die Lebenstüchtigkeit solcher Fische ist dennoch stark eingeschränkt und deswegen ist auch bei Großflosserguppyzucht darauf zu achten, dass ein Top-Männchen die oben beschriebenen Symptome nicht zeigt.

Die Zeiten, in denen Guppyweibchen hässliche Entlein waren, sind längst Vergangenheit. Bei den großflossigen Hochzuchtguppys sind auch die Weibchen mit schönen Flossen ausgestattet.

Triangelschwanz, grau, Nigrocaudatus, mit sehr großer Schwanzflosse.

Guppyhochzucht

Dieser bunte Triangelschwanz ist sehr schön gewachsen und harmonisch.

Für europäischen Geschmack ist die Schwanzflosse dieses Lutino-Männchens bereits zu groß. Das Tier kann nur mühselig eine waagerechte Körperhaltung einnehmen.

Guppyhochzucht

Hochzuchtguppys wird man im Zoofachhandel meist vergeblich suchen. Die Mehrzahl der Guppys hier stammen aus professionellen Zuchten, in denen weniger Wert auf Flossenstandards gelegt wird (man züchtet in aller Regel mit Großflossern), als auf ein möglichst einheitliches Farbmuster. Zudem sind Hochzuchtguppys sehr teuer. Die Gründe dafür dürften jedem klar sein. Dennoch kann es geschehen, dass ein Züchter einen Stamm aufgibt und dann auch durchgezüchtete Paare relativ preisgünstig im Zoofachhandel erscheinen. Dann kommt man sehr schnell und mühelos zu reinerbigen Fischen. In aller Regel werden Hochzüchter aber den Teufel tun und Greti und Pleti ihre geliebten Tiere in Zuchtpaaren vermachen. Wenn überhaupt, erhält man Männchen. Doch ist es bereits eine ungeheure Erleichterung, mit erbfesten Männchen eine Zucht aufbauen zu können.

Es gibt weltweit Züchterverbände, die auch Wettbewerbe durchführen . Diese sollte man besuchen, wenn man sich für seltene Guppys interessiert. Adressen und Links finden Sie auf unserer Homepage www.aqualog.de.

Guppys aus professionellen Zuchten sind meist sehr hübsch, doch genügen sie nur selten den Flossenstandards.

Einer der beliebtesten Guppys aus den Profizuchtanstalten ist der "King Cobra", ein gelber Snakeskin/Filigran Guppy mit Grundfarbe Grau.

Dieser Rundschwanzguppy wurde vom Züchter „Rio Negro" getauft.

Ein Doppelschwertguppy aus asiatischer Profi-Zucht

Ein sogenannter „Moskau-Guppy". Bei diesen Fischen ist der Vorderkörper intensiv dunkel gefärbt. Zusammen mit „Nigrocaudatus"-Fischen kann man fast ganz schwarze Guppys züchten.

Ein Guppy mit Metallic-Deckfarben, den der Zuchtbetrieb „Eldorado" nennt.

Diese Zuchtform gehört zu den derzeit beliebtesten Guppys überhaupt und wird „Neon Blue" genannt.

Die wilden Verwandten des Guppy

Guppys gehören, wissenschaftlich gesehen, in die Gattung *Poecilia*. Innerhalb dieser Gattung werden verschiedene Untergattungen unterschieden, die von manchen Wissenschaftlern auch als eigenständige Gattungen gesehen werden. Guppys gehören dabei in die Untergattung *Acanthocephalus*.

Zur Zeit ist nur eine Art dieser Untergattung wissenschaftlich beschrieben, nämlich unser Guppy. Eine zweite, Endlers Guppy, wird derzeit von Wissenschaftlern bearbeitet und ist noch nicht benannt. Daher muss man Endlers Guppy mit dem wissenschaftlichen Namen *Poecilia (Acanthocephalus)* sp. bezeichnen, wobei sp. für "species", d.h. "Art" steht.

Dieser kleine, wunderschöne Lebendgebärende wurde 1975 von dem Guppyforscher John Endler in Venezuela gesammelt. Fundort ist die Laguna de Patos, Cumana im Nordosten des Landes. Das warme (27°C) Wasser ist von einzelligen Algen dunkelgrün gefärbt. Endler ist Verhaltensforscher, kein Systematiker. Er gab daher Tiere zur Bearbeitung an den führenden Systematiker für Lebendgebärende Zahnkarpfen, Donn Rosen, der jedoch verstarb, bevor er die Art benennen konnte. Rosen hatte jedoch einige Exemplare an Klaus Kallmann gegeben, der sie unter der Bezeichnung Endlers Guppy nach Deutschland brachte. Von Deutschland aus wurden die zierlichen Tiere über Europa, Japan und die USA verbreitet. Endler selbst erfuhr davon erst 1980, als er Anfragen über den Fisch erhielt. Es scheint leider, dass Endlers Guppy mit normalen Guppys (die in der Laguna de Patos ebenfalls vorkommen) gekreuzt wurden. Dadurch findet man nur selten reinblütige Endlers Guppys. Kennzeichen sind u.a. der große schwarze Seitenfleck in Form eines gestreckten liegenden "S", ein goldener Streifen, der hinter dem Auge beginnt und etwa über ein Drittel der Körperlänge läuft und die Tatsache, dass manche Männchen (etwa 20% in der Natur) schwarze Brustflossen haben. Diese Flossen sind bei Wildguppys immer durchsichtig.

Endlers Guppys sind keine isolierte Lokalpopulation des Guppys, denn der kommt in der Laguna de Potos auch vor. Allerdings bevorzugt der Guppy dort die Zuflüsse mit etwas kühlerem (25°C) und klarem Wasser und ist in der Laguna selbst nur selten zu finden.

Leider ist diese Art in der Natur sehr bedroht, vielleicht sogar schon ausgestorben, denn in die Laguna de Potos werden Industrieabwässer eingeleitet. Weitere Fundorte von Endlers Guppy sind bislang nicht bekannt geworden. Wer diese Tiere erhalten kann, sollte sie unbedingt reinblütig weiterzüchten und keinesfalls mit Guppys kreuzen! Die Pflege und Zucht ist nicht sehr schwierig, doch sind die Fische kurzlebig. Sie werden nur etwa 1 Jahr alt.

Ein reinblütiger Endlers Guppy.

Die wilden Verwandten des Guppys

Nahe mit den Guppys verwandt und gelegentlich mit ihnen verwechselt sind die 6 Arten der Gattung *Micropoecilia*. Leider sind diese Fische im Gegensatz zu den Guppys ausgesprochene Problemfische, deren Pflege und Zucht selbst erfahrenen Aquarianern größte Schwierigkeiten bereitet. Man wird sie daher nur sehr selten und wenn, zu hohen Preisen im Zoofachhandel finden, obwohl sie in der Natur sehr häufig sind.

Micropoecilia branneri, der Zitronenkärpfling

Micropoecilia amazonica

Micropoecilia parae

Micropoecilia bifurca

Micropoecilia picta

Neuzüchtungen

Diese Neuzüchtung nennt man „Micarif".

Neuzüchtungen

„Multi Cobra" - schon etwas länger bekannt, aber sehr beliebt.

Seite 69

REISER Anlagen – Aquaristik
Zum Befüllen und Umwälzen

- bedenkenloser Wasserwechsel
- besseres Pflanzenwachstum
- Schutz vor Algen
- gesteigertes Wohlbefinden der Tiere
- Erhöhung der Schlupfraten

Reines, klares Wasser
für Tier und Pflanze

Eine klare Sache...

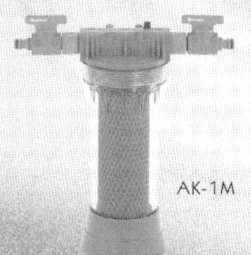
AK-1M

AE-2L

Der REISER BLOCKFILTER® entfernt
je nach Filterfeinheit:
- Kalkpartikel
- Rostpartikel
- Schmutz- und Schwebeteile
- Sand und Schlamm
- Chlor, FCKWs und CKWs
- Organische Schadstoffe
- Keime
- Pestizide und Herbizide
- Geruch und Trübung
- Medikamente

Wassertrübung und Veralgung
gehören der Vergangenheit an

REISER
Filtertechnik
Wasseraufbereitung

Umweltfreundlich ohne Energie und Chemie

D-76532 Baden-Baden · Telefon +49(0) 7221/96 88 35 · Telefax +49(0) 7221/96 88 38
e-Mail: reiser@reiser-filtertechnik.de · Internet: www.reiser-filtertechnik.de

Ratgeber – exakte Anleitung für Pflege und Zucht

Jeder Ratgeber € 14,90

- Exakte Anleitung für Hälterung und Zucht, Tricks und Tipps von erfahrenen Spezialisten
- Viele Ausgaben mit dekorativem Farbposter (85 x 60 cm, auch separat erhältlich)
- Erhältlich als deutsche und englische Ausgabe

Garnelen, Krebse und Krabben im Süßwasser-Aquarium
(U. Werner)

Hier stellen wir Ihnen die schönsten Garnelen und Krebstiere des Süßwassers vor. Kleine und große Arten, die man einzeln oder zusammen mit Fischen pflegen kann – aber mit welchen? Das und mehr in diesem Ratgeber – interessant und spannend.

(48 Seiten + Poster)
ISBN 3-931702-52-9
Artikel-Nr. AS010-D

Dekorative Aquarien: Ein Juniorbecken
(U. Glaser sen.)

Erstmals die genaue Anleitung zur perfekten Einrichtung eines schönen Aquariums für Einsteiger. Ratschläge vom Profi, um Anfängerfehler zu vermeiden. Becken-Grundriß, Pflanzen und Fischbesatz; alles bebildert, detailliert und leicht verständlich beschrieben – nach dem Motto: „Man nehme…".

(48 Seiten + Poster)
ISBN 3-931702-38-3
Artikel-Nr. AS011-D

Der Naturteich im Garten
(P. D. Sicka)

Der naturnah angelegte Gartenteich ist Rückzugsgebiet für unzählige bedrohte Tier- und Pflanzenarten. In vielen Beispielen und auf prächtigen Farbfotos wird anschaulich geschildert, wie Sie sich den Traum von einem kleinen Biotop im eigenen Garten verwirklichen können.

(48 Seiten)
ISBN 3-931702-90-1
Artikel-Nr. AS021-D

Die schönsten L-Welse
(U. Glaser sen.)

Was sind L-Welse und woher kommen sie? Fachmännische Tips zur Pflege und Zucht etc.

(48 Seiten + Poster)
ISBN 3-931702-33-2
Artikel-Nr. AS002-D

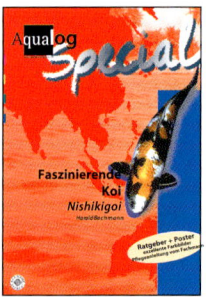

Faszinierende Koi
(H. Bachmann)

Einiges über die lange Geschichte der Farbkarpfen, exakte Anleitung zur Pflege und wie der Koi-Teich aussehen sollte. Dies und vieles mehr finden Sie in diesem Rat-geber vom Fachmann.

(48 Seiten + Poster)
ISBN 3-931702-40-5
Artikel-Nr. AS003-D

Korallenfische des Süßwassers MALAWI-Cichliden
(E. Schraml)

Farbenprächtig wie Seewasserfische, doch mit weitaus weniger technischem Aufwand gut zu halten und zu züchten. Wie das am besten geht, erfahren Sie in diesem Ratgeber vom Fachmann.

(48 Seiten + Poster)
ISBN 3-931702-48-0
Artikel-Nr. AS009-D

Goldfische und Schleierschwänze
(K. H. Bernhardt)

Es sind die ältesten und bekanntesten Zierfische, aber wußten Sie, daß es so viele Formen- und Farbvarianten gibt? Interessantes zur Geschichte dieser Tiere und viele Tipps zur richtigen Pflege, denn sie sind nicht so unempfindlich, wie oft angenommen wird.

(48 Seiten + Poster)
ISBN 3-931702-46-4
Artikel-Nr. AS008-D

Fische des Jahres Die HIGHLIGHTS
(U. Glaser sen.)

Jährlich kommen neue Fische in den Handel – das macht die Aquaristik so spannend. Alles über Herkunft, Import oder Zucht, Prämierung und Eigenschaften dieser Fische. Für jeden Aquarianer die schnelle und aktuelle Information.

(48 Seiten + Poster)
ISBN 3-931702-68-5
Artikel-Nr. AS007-D

Herrliche Regenbogenfische
(H. Hieronimus)

Der Name sagt es: Bunt wie ein Regenbogen. Anleitungen zur Pflege und was Sie sonst noch wissen sollten. Die Biotop-Bilder zeigen, wo diese hübschen, pflegeleichten Fische herkommen und wie entsprechend das Aquarium eingerichtet wird.

(48 Seiten + Poster)
ISBN 3-931702-50-2
Artikel-Nr. AS004-D

Majestätische Diskus
(M. Göbel)

König der Fische, Traum eines jeden Aquarianers! Die Pflege dieser anspruchsvollen Tiere und vieles mehr verrät Ihnen der Profi.

(48 Seiten + Poster)
ISBN 3-931702-42-1
Artikel-Nr. AS006-D

Süßwasserstechrochen Südamerikas
(R. A. Ross)

In Flüssen und Seen des tropischen Südamerikas leben Fische, die man vorwiegend aus dem Meer kennt: Stechrochen. Obwohl in ihrer Heimat wegen ihres Giftstachels gefürchtet, begeistern sich weltweit immer mehr Aquarianer für diese einzigartigen Tiere. Dieses Buch ist der erste ausführlicher Leitfaden für die erfolgreiche Pflege und Zucht dieser Rochen. Unentbehrlich für alle, die mehr über die interessanten Tiere wissen wollen oder erwägen, Stechrochen zu pflegen.

(64 Seiten)
ISBN 3-931702-88-X
Artikel-Nr. AS013-D

Bildbände –
immer alle Fische einer Gruppe

Alle wichtigen Informationen auf einen Blick:

- Alle Fische einer Gruppe auf Farbfotos (inkl. aller Varianten, Farb- und Zuchtformen)
- Identifikation der Fische ist sicher und einfach: Wissenschaftlicher Name, Handelsname, Aqualog-Codenummer
- Leicht verständlicher Text, internationale Pflegesymbole
- Neu entdeckte Fische werden auf Ergänzungsbögen veröffentlicht: Ihr Lexikon bleibt immer up-to-date!

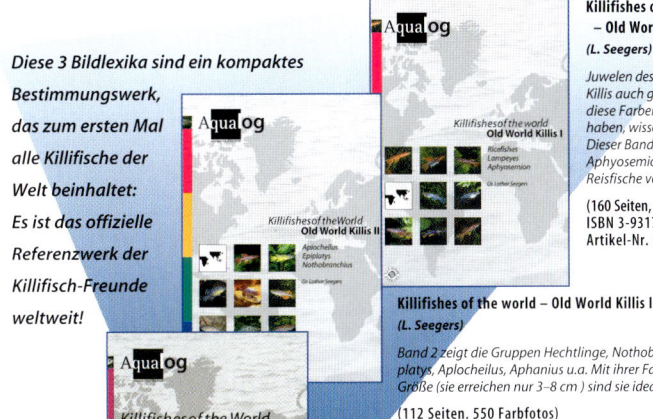

Diese 3 Bildlexika sind ein kompaktes Bestimmungswerk, das zum ersten Mal alle Killifische der Welt beinhaltet: Es ist das offizielle Referenzwerk der Killifisch-Freunde weltweit!

Killifishes of the world – Old World Killis I
(L. Seegers)

Juwelen des Süßwassers werden Killis auch genannt – wenn Sie diese Farbenpracht gesehen haben, wissen Sie warum. Dieser Band stellt die Gruppen Aphyosemion, Leuchtaugen und Reisfische vor.

(160 Seiten, über 890 Farbfotos)
ISBN 3-931702-25-1
Artikel-Nr. B007   € 37,80

Killifishes of the world – Old World Killis II
(L. Seegers)

Band 2 zeigt die Gruppen Hechtlinge, Nothobranchius, Epiplatys, Aplocheilus, Aphanius u.a. Mit ihrer Farbenpracht und Größe (sie erreichen nur 3–8 cm) sind sie ideale Aquarienfische.

(112 Seiten, 550 Farbfotos)
ISBN 3-931702-30-8
Artikel-Nr. B008   € 34,80

Killifishes of the world – New World Killis
(L. Seegers)

Dieses Buch ergänzt die Reihe zu Killifischen mit den Gruppen aus der Neuen Welt: Rivulus, Cynolebias, Fundulus, Pterolebias u.a.

(224 Seiten, 1 200 Farbfotos)
ISBN 3-931702-76-6
Artikel-Nr. B014   € 68,80

Die Kugelfische des Süß- und Brackwassers
(K. Ebert)

Nicht nur 300 brilliante Fotos aller Kugelfische der Welt, sondern auch über 40 Jahre detaillierte Pflegeerfahrung mit diesen farbenprächtigen, außergewöhnlichen Tieren vermittelt der Autor in diesem einzigartigen Lexikon sowohl dem Anfänger als auch dem spezialisierten Aquarianer und Wissenschaftler.

(96 Seiten, 300 Farbfotos)
ISBN 3-931702-81-8
Artikel-Nr. B016-D   € 29,80

Süßwasserrochen
(R. A. Ross / F. Schäfer)

Alle bekannten Arten der Süßwasserrochen in ihrer großen Vielfalt. Erstmalig in der Geschichte der aquaristischen Literatur gibt es ein Nachschlagewerk, in dem die südamerikanischen Flußrochen (Potamotrygonidae), die asiatischen, afrikanischen, nordamerikanischen und australischen Süßwasserarten zu finden sind. Außerdem die Sägefische (Pristidae) und die regelmäßig das Brackwasser aufsuchenden Arten aus aller Welt.

(192 Seiten, ca. 400 Farbfotos)
ISBN 3-931702-93-6
Artikel-Nr. B015   € 44,80

Wirklich alle Cichliden Lateinamerikas – in 4 Bänden!

Southamerican Cichlids I
(U. Glaser sen.)

Auf exzellenten Farbfotos werden alle Cichla, Crenicichla, Teleocichla, Guianacara, Geophagus, Gymnogeophagus, Satanoperca, Acarichthys, Uaru, Biotodoma, Astronotus, Retroculus und Chaetobranchopsis vorgestellt.

(112 Seiten, 500 Farbfotos)
ISBN 3-931702-04-9
Artikel-Nr. B002   € 24,80

Southamerican Cichlids II
(U. Glaser sen.)

Dieser Band beinhaltet auf Bildern bekannter Fotografen alle Zwergcichliden wie Apistogramma, Biotoecus, Crenicara, Dicrossus, Nannacara, Taeniacara und Microgeophagus, die vorher Papiliochromis hießen.

(112 Seiten, 500 Farbfotos)
ISBN 3-931702-07-3
Artikel-Nr. B003   € 24,80

Southamerican Cichlids III
(U. Glaser sen.)

In diesem Band finden Sie die Sammelgattungen Aequidens, Cichlasoma und deren Verwandte Acaronia, Caquetaia, Petenia und Herotilapia. Wissenschaftliche Namensänderungen bis 1998 sind bereits berücksichtigt.

(144 Seiten, 650 Farbfotos)
ISBN 3-931702-10-3
Artikel-Nr. B005   € 24,80

Southamerican Cichlids IV – Discus & Scalare
(M. Göbel, H. J. Mayland)

Band vier zeigt traumhafte Diskus und Skalare. Wildfänge, deutsche, weitere europäische und asiatische Zuchttiere nebst allen Varianten, Farbschlägen und Zuchtformen.

(240 Seiten, über 900 Farbfotos)
ISBN 3-931702-75-8
Artikel-Nr. B010   € 49,80

Bildbände –
immer alle Fische einer Gruppe

Alle wichtigen Informationen auf einen Blick:

- Alle Fische einer Gruppe auf Farbfotos (inkl. aller Varianten, Farb- und Zuchtformen)
- Identifikation der Fische ist sicher und einfach: Wissenschaftlicher Name, Handelsname, Aqualog-Codenummer
- Leicht verständlicher Text, internationale Pflegesymbole
- Neu entdeckte Fische werden auf Ergänzungsbögen veröffentlicht: Ihr Lexikon bleibt immer up-to-date!

Alle Regenbogenfische
(H. Hieronimus)

Bunt wie der Regenbogen, das sagt schon der Name. Alle bis jetzt bekannten finden Sie hier. Es schlummern jedoch noch viele unentdeckte in den Biotopen, den man z. B. in Papua Neu-Guinea nur unter schwierigsten Bedingungen sammeln kann.

(144 Seiten, ca. 700 Farbfotos)
ISBN 3-931702-80-4
Artikel-Nr. B013

Alle Lebendgebärenden
(M. Kempkes, F. Schäfer)

Erstmals werden die bekannten Guppy, Molly, Schwertträger, Platy usw. gezeigt, sowie alle übrigen Lebendgebärenden. Alle Wild-, und Zuchtformen und Farbvarianten, sowie die Halbschnabelhechte.

(352 Seiten, ca. 2 000 Farbfotos)
ISBN 3-931702-77-4
Artikel-Nr. B009 € 86,80

All Corydoras
(U. Glaser sen.)

Erstmals werden alle bekannten Panzerwels-Arten vorgestellt. Neben den Gattungen Aspidoras, Brochis, Callichthys, Corydoras, Dianema, Hoplosternum auch alle Varianten, Mutanten, Hybriden, Zuchtformen und unbestimmte („C-Nr.").

(144 Seiten, 650 Farbfotos)
ISBN 3-931702-13-8
Artikel-Nr. B004 € 24,80

LORICARIIDAE – All L-Numbers
(U. Glaser sen.)

Alle L-Welse bis L 204. Alle weiteren auf den Ergänzungsbögen. Es ist das einzige Buch, das auch alle LDA-Nummern-Welse abbildet und beschreibt.

(112 Seiten, ca. 450 Farbfotos)
ISBN 3-931702-01-1
Artikel-Nr. B001 € 24,80

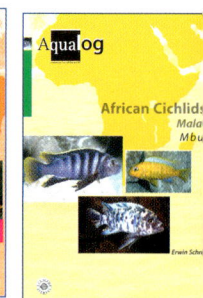

African Cichlids I MALAWI MBUNA
(E. Schraml)

Das Buch zeigt tatsächlich alle bisher im See entdeckten Mbuna Arten und Varianten!

(240 Seiten, ca. 1500 Farbfotos)
ISBN 3-931702-79-0
Artikel-Nr. B012 € 59,80

Alle Goldfische und Schleierschwänze
(K. H. Bernhardt)

Goldfische sind die ältesten Zierfische der Welt. Jeder kennt sie, aber wußten Sie, daß es so unglaublich viele verschiedene gibt? In diesem Bildlexikon zeigen wir Ihnen alle Form- und Farbvarianten.

(160 Seiten, 690 Farbfotos)
ISBN 3-931702-78-2
Artikel-Nr. B011 € 44,80

All Labyrinths
(F. Schäfer)

Zum ersten Mal gibt es hiermit ein kompaktes Bestimmungs-Lexikon, in dem alle Labyrinthfische abgeben werden. Zusätzlich alle Schlangenkopffische, Nanderbarsche, Blau- und Sägezahnbarsche. Sie weisen in ihrem Verhalten viele Parallelen zu den Labyrinthern auf. Außerdem ein Bestimmungsschlüssel der Gattung Betta. Sofort wurde es zum offiziellen Referenz-Lexikon der Labyrinther-Gemeinschaften weltweit.

(144 Seiten, 650 Farbfotos)
ISBN 3-931702-21-9
Artikel-Nr. B006 € 24,80

Buch + CD-ROM

- Diese Buchreihe zeigt auf exzellenten Farbfotos Fische der verschiedenen Gruppen
- Eindeutige Identifizierung durch internationale Code-Nummer, wissenschaftlichen Namen und Handelsnamen
- Kurzinformation: Eigenschaften, Pflegebedingungen, etc.
- Alle Bilder im Buch und zusätzlich auf der beiliegenden CD-ROM

jeder Band inkl. CD-ROM € 19,95

Version A: Deutsch, Japanisch, Tschechisch, Türkisch, Ungarisch
Version B: Englisch, Holländisch, Schwedisch, Dänisch, Finnisch
Version C: Französisch, Spanisch, Italienisch, Polnisch, Mandarin

Photo Collection No. 1
(U. Glaser sen.)

Afrikanische Welse
A: ISBN 3-931702-56-1
B: ISBN 3-931702-57-X
C: ISBN 3-931702-58-8
Artikel-Nr. PC 001-A /-B /-C

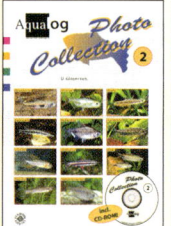

Photo Collection No.2
(U. Glaser sen.)

Salmler 1 *(Afrikanische Salmler, Raubsalmler, Pencilfische)*
A: ISBN 3-931702-59-6
B: ISBN 3-931702-62-6
C: ISBN 3-931702-63-4
Artikel-Nr. PC 002-A /-B /-C

Photo Collection No. 3
(U. Glaser sen.)

Salmler 2 *(Piranhas, Scheibensalmer, Kopfsteher, Beilbauchfische)*
A: ISBN 3-931702-64-2
B: ISBN 3-931702-65-0
C: ISBN 3-931702-66-9
Artikel-Nr. PC 003-A /-B /-C

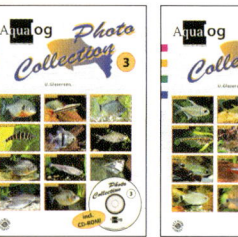

Photo Collection No. 4
(U. Glaser sen.)

Salmler 3 *(Neon, Moenkhausia, Amerikanische Raubsalmler, kleine Salmler)*
A: ISBN 3-931702-81-2
B: ISBN 3-931702-44-8
C: ISBN 3-931702-47-2
Artikel-Nr. PC 003-A /-B /-C

Jeder Band mit 96 –112 Seiten und ca. 300 – 400 Farbfotos